典型过程装备控制技术

李　斌　编

科学出版社

北　京

内 容 简 介

本书以流程工业中典型过程装备为对象，应用基本控制策略和方法，实现常见工艺参数的测量和控制，结合工程实例，强调知识的综合应用和工程实践能力的训练与培养。

全书共 8 章，第 1、2 章介绍过程控制的特点和基本控制方法，包括单闭环控制、串级控制、均匀控制、比值控制、前馈控制、分程控制、选择性控制等；第 3～7 章介绍典型过程装备的基本控制，包括流体输送设备、传热设备、锅炉设备、精馏塔以及化学反应器的控制原理和方法；第 8 章针对几种典型工业生产过程，结合各自特点介绍常用控制方案，包括合成氨过程、常减压过程、催化裂化过程、聚合过程、生化过程、制药过程以及制浆造纸过程等。

本书是高等学校过程装备与控制工程专业本科生教材，可作为化工类和工业自动化专业本科生参考教材，也可供有关工程技术人员参考。

图书在版编目(CIP)数据

典型过程装备控制技术/李斌编. —北京：科学出版社，2016.2

ISBN 978-7-03-047156-7

Ⅰ. ①典… Ⅱ. ①李… Ⅲ. ①过程控制 Ⅳ. ①TP273

中国版本图书馆 CIP 数据核字（2016）第 012543 号

责任编辑：陈雅娴 / 责任校对：贾伟娟
责任印制：徐晓晨 / 封面设计：迷底书装

科 学 出 版 社 出版
北京东黄城根北街 16 号
邮政编码：100717
http://www.sciencep.com
北京凌奇印刷有限责任公司 印刷
科学出版社发行 各地新华书店经销
*
2016 年 1 月第 一 版 开本：B5（720 × 1000）
2021 年 1 月第四次印刷 印张：10 1/4
字数：207 000

定价：39.00 元

（如有印装质量问题，我社负责调换）

前　言

过程装备与控制工程专业学科交叉突出，集工艺过程、装备技术、控制工程于一体，覆盖过程工业的机械装备、过程控制、工艺原理等领域，提供适合本专业学生使用的教材显得非常必要。让学生在学习化工、机械和控制相关课程的基础上，利用基本控制原理，把控制方法应用于过程机械和设备，实现生产过程的自动化，达到综合能力的提高。为此，本书按照“过程+装备+控制”的思路来构建知识点和组织教学内容，将基本控制方法作用于典型过程装备，对常见过程变量实施有效测量与控制，强调手段、方法的多样性和灵活性，引导学生将理论与实践相结合、综合应用所学知识以及提高工程实践能力，培养分析和解决复杂工程问题的能力。

本书仅以过程工业中的常用、典型装备为对象，运用基本控制方法，围绕常见过程参数来进行系统的分析、控制与优化，涉及的过程参数为常见的温度、流量、压力、物位等，侧重对基本方法的学习和基本能力的训练。本书首先介绍基本控制系统的原理、构成及特点，包括单闭环控制、串级控制、均匀控制、比值控制、前馈控制、分程控制、选择性控制等。在此基础上从两条线来介绍控制策略与控制方法，并使两条线有机相连。一是以典型过程装备为对象，从其工作原理、运行特征来实施过程变量的测量与控制，包括流体输送设备、传热设备、锅炉设备、精馏塔和化学反应器等；二是围绕几种典型生产过程，从生产工艺、过程参数、控制要求来设计控制方案，包括合成氨过程、常减压过程、催化裂化过程、聚合过程、生化过程、制药过程以及制浆造纸过程等。

本书作为过程装备与控制工程专业的本科生教材，是前面先修课程的集成，又是后续教学的基础，尤其针对课程设计和毕业设计是较好的铺垫和准备。教学过程中充分调动学生的主观能动性，加强交流，通过对案例和实例的分析进行课堂讨论和课堂练习，并可适当延伸和拓展。

本书由昆明理工大学李斌编写，在编写过程中得到了过程装备与控制工程系各位老师的帮助和指导，在此深表谢意。

由于编者水平有限，书中疏漏与不妥之处在所难免，恳请读者批评指正。

编　者

2015 年 9 月于昆明

目　　录

前言

第 1 章　绪论……1

1.1　过程控制概述……1

1.2　过程控制的特点……1

1.3　过程控制的要求……2

1.4　过程控制的任务……2

1.5　过程控制的功能……3

1.6　过程控制的发展趋势……3

1.7　过程控制系统设计概要……3

1.8　过程装备……4

1.9　控制流程图……5

第 2 章　基本控制策略……7

2.1　单闭环控制……7

2.1.1　控制系统组成……7

2.1.2　被控变量的选择……7

2.1.3　操纵变量的选择……8

2.1.4　控制器控制规律的选择……8

2.2　串级控制……9

2.2.1　系统结构……9

2.2.2　串级控制系统的结构特点……10

2.2.3　控制性能……10

2.3　均匀控制……11

2.3.1　控制作用……11

2.3.2　均匀控制方案……11

2.4　比值控制……12

2.5　前馈控制……12

2.6　分程控制……13

2.7　选择性控制……13

第 3 章　流体输送设备控制……15

3.1　离心泵的基本控制……15

3.1.1　离心泵的工作特性……15
3.1.2　管路特性……16
3.1.3　离心泵的工作点……17
3.1.4　离心泵的控制……17
3.1.5　离心泵特性曲线……19
3.1.6　影响离心泵性能的主要因素……20
3.2　容积式泵的基本控制……22
3.2.1　容积式泵的工作特性……22
3.2.2　容积式泵的控制……22
3.3　风机的基本控制……23
3.3.1　风机的工作特性……23
3.3.2　风机的控制……24
3.4　压缩机的基本控制……25
3.4.1　往复式压缩机的控制……25
3.4.2　离心式压缩机的控制……28
3.5　变频调速……32
3.6　离心式压缩机的防喘振控制……33
3.6.1　离心式压缩机的喘振……33
3.6.2　离心式压缩机防喘振控制方法……35
3.6.3　离心式压缩机串/并联时的防喘振控制……40
3.6.4　压缩机防喘控制实例分析……42
第 4 章　传热设备的控制……46
4.1　工业换热器的类型……46
4.2　传热基本方程……47
4.3　一般换热器的控制……48
4.3.1　控制方案的确定……48
4.3.2　一般换热器的控制方法……49
4.4　复杂控制系统的应用……55
4.4.1　前馈-反馈控制……55
4.4.2　基于模型计算的控制……57
4.4.3　选择性控制……59
4.5　蒸发器的控制……61
4.5.1　蒸发器概述……61
4.5.2　蒸发器控制系统设计……61
第 5 章　锅炉设备的控制……65
5.1　锅炉设备及控制要求……65

5.2 锅炉汽包水位控制 …… 66
5.2.1 锅炉汽包水位的动态特性 …… 67
5.2.2 锅炉汽包水位基本控制方法 …… 68
5.2.3 汽包水位计算机控制系统 …… 74
5.3 蒸汽过热系统的控制 …… 76
5.4 燃烧控制系统 …… 77
5.4.1 燃烧控制的任务 …… 77
5.4.2 燃烧过程的控制 …… 78
5.4.3 燃烧过程中烟气氧含量闭环控制 …… 80
5.4.4 炉膛负压控制及安全控制系统 …… 82
5.4.5 计算机技术在锅炉控制上的应用 …… 84
第 6 章　精馏塔的控制 …… 88
6.1 精馏塔概述 …… 88
6.2 精馏塔的控制目标及变量分析 …… 88
6.2.1 控制目标 …… 88
6.2.2 变量分析 …… 89
6.3 精馏塔的控制方案 …… 91
6.3.1 一端产品质量控制 …… 91
6.3.2 两端产品质量均需控制 …… 92
6.3.3 两端产品质量控制实例分析 …… 94
6.4 复杂控制系统在精馏塔中的应用 …… 95
6.4.1 串级控制 …… 95
6.4.2 前馈-反馈控制 …… 96
6.4.3 选择性控制 …… 96
第 7 章　化学反应器的控制 …… 98
7.1 化学反应器概述 …… 98
7.2 化学反应器的控制要求 …… 98
7.3 化学反应器的基本控制 …… 99
7.3.1 出料成分的控制 …… 99
7.3.2 工艺参数为间接被控变量 …… 100
7.3.3 pH 控制 …… 102
7.3.4 常用固定床和流化床反应器的控制 …… 103
7.3.5 化学反应器的推断控制 …… 105
7.3.6 稳定外围的控制 …… 107
第 8 章　典型工业生产过程控制 …… 109
8.1 合成氨过程控制 …… 109

8.1.1 合成氨 …… 109
8.1.2 控制系统组成 …… 110
8.1.3 合成塔的控制 …… 113
8.2 常减压过程控制 …… 115
8.2.1 常减压过程的特点 …… 115
8.2.2 常减压塔的控制 …… 117
8.3 催化裂化过程控制 …… 120
8.3.1 催化裂化过程的特点 …… 120
8.3.2 催化裂化过程控制系统 …… 121
8.4 聚合过程控制 …… 125
8.4.1 聚合过程的特点 …… 125
8.4.2 几种常见聚合过程控制 …… 126
8.5 生化过程控制 …… 136
8.5.1 生化过程的特点 …… 136
8.5.2 生化过程的控制类型 …… 137
8.5.3 常见生化过程控制 …… 139
8.5.4 发酵控制举例 …… 142
8.6 制药过程控制 …… 144
8.6.1 制药过程控制的特点 …… 144
8.6.2 制药过程控制系统 …… 145
8.6.3 化学制药过程控制 …… 145
8.6.4 生物制药过程控制 …… 145
8.6.5 中药制药过程控制 …… 146
8.7 制浆造纸过程控制 …… 148
8.7.1 制浆造纸过程的特点 …… 148
8.7.2 制浆过程控制 …… 149
8.7.3 碱回收过程控制 …… 151
8.7.4 造纸过程控制 …… 152
参考文献 …… 155

第 1 章　绪　　论

1.1　过程控制概述

过程自动控制是指石油、化工、冶金、纺织、轻工等工业生产中连续的或按一定程序进行的生产过程的自动控制。这种利用自动化装置来控制运转连续或间歇生产过程的综合性技术称为生产过程自动化，简称过程控制，它是对生产过程中的温度、压力、流量、物位、组分等工艺参数进行控制，使其保持为定值或按一定规律变化，以确保产品质量和生产安全，并使生产过程按最优化目标进行。

过程控制涉及自动控制、检测技术、计算机以及化学生产工艺等学科的相关知识。从控制的角度，生产过程分为连续型、离散型和混合型几类。过程控制主要是针对连续型生产过程采用的控制方法。连续型生产过程的特征是，呈流动状态的原材料在生产过程中经过传热、传质或物理、化学变化等，大多发生相变或分支结构的变化，从而产生新的产品。在这个过程中，工艺参数决定着产品的产量和质量，它们不仅受过程内部条件的影响，也受外界环境的影响。由于过程参数较多，所起的作用各不相同，有时还会相互影响，这就增加了对过程工艺参数进行控制的复杂性和特殊性。

1.2　过程控制的特点

过程控制所涉及的生产过程多种多样，生产设备的类型以及生产规模相差较大，过程控制的方法也不完全相同。大多数的生产过程具有复杂性、非线性、不确定性等特点，并且越来越朝着大规模、精细化的方向发展，这种发展现状对过程控制提出了更高的要求，大大促进了过程控制技术的发展，使得过程控制在生产中的地位越来越重要。过程控制具有以下特点。

(1) 控制系统由过程检测、变送和控制仪表、执行装置等组成。通常先由检测仪表或传感器将生产过程中的工艺参数转换为电信号或气压信号，并由显示仪表显示或记录，以便真实反映生产过程状态。同时，将测量信号通过某种变换或运算传给控制仪表，再通过执行装置实现对过程的自动控制，使工艺参数符合要求。

(2) 被控过程具有非线性、时变、时滞及不确定性，因此，难以获得精确的过程数学模型，使得在其他领域应用成功的控制策略难以移植。例如，热力传递过程中的锅炉、热交换器、反应器、热处理过程、流体输送设备、精馏塔等，它们的内部结构和工作机理都比较复杂，其动态特征也各不相同，有时很难用机理解析的方法求得精确模型。

(3) 过程控制的过程多属于慢过程与参量控制。大多被控过程具有大惯性、大时延性，控制过程是一个慢变过程。此外，生产过程常用一些过程变量，如温度、压力、流量等来表征生产过程是否正常、产品质量是否合格，对它们的控制多属于参量控制。

(4) 被控过程复杂多样，过程控制的方案也多种多样。在控制方案上，既有传统的 PID 控制，也有先进的过程控制，如自适应控制、预测控制、推理控制、非线性控制、智能控制等。

1.3　过程控制的要求

工业生产对控制的要求是多种多样的，随着工业生产技术的不断发展，生产工艺越来越成熟，对控制要求也越来越高。在目前阶段主要有安全性、稳定性、经济性三方面。

1) 安全性

生产过程中要及时地预测以及防止事故的发生，确保人身和设备的安全。常采用参数越限报警、连锁保护、在线故障诊断和容错控制等措施。

2) 稳定性

当生产过程的环境发生变化或受到随机因素影响时，能抑制外部干扰，使生产过程仍然保持原来的状态平稳地运行，使生产过程长期稳定运行。

3) 经济性

在保证生产安全性、稳定性以及产品质量的前提下，降低生产成本，提高生产效率。

1.4　过程控制的任务

过程控制的任务就是在熟悉工艺流程的基础上，掌握过程对象的静态和动态特征，应用控制理论分析和设计，并采用相应的过程控制系统和技术手段使生产满足安全性、稳定性和经济性的要求，达到优质、高产和低耗能的控制目标。

生产过程的自动化对保证生产安全和稳定、降低成本和能耗、提高产量以及改善生产条件、提高设备使用率、提高经济效率等方面都有重要的意义。

1.5 过程控制的功能

1) 检测变送与执行功能

利用传感器测量过程变量，通过变送器转换为系统统一信号，再进入控制器实现功能运算并输出统一控制信号，执行装置则将控制信号转换为可直接改变被控参数的控制动作。

2) 方便操作与安全功能

能实时显示过程变量和工艺参数，随时掌握过程状态，方便实行单元操作和系统控制，实现非正常工况报警、自动保护和紧急停车，确保生产过程的绝对安全。

3) 多种控制功能

能实现常规的反馈控制和前馈补偿，使被控变量满足工艺要求。常规控制不满足要求时，可采用先进控制技术或高级控制功能加以实现。多种控制手段和技术方法灵活构建，并实时优化。

1.6 过程控制的发展趋势

1) 同步性

任务的需要、理论的开拓、技术手段的进展三者之间互相推动，互相促进。

2) 综合性

自动化技术是一门综合性的技术，控制论更是一门广义的学科，在自动化各个领域移植借鉴、交流汇合，表现出明显的交流性。当前发展的特点为：生产装置实施先进过程控制成为主流，过程优化受到普遍关注，开放系统和标准化，综合自动化。

1.7 过程控制系统设计概要

1) 确定控制目标

确保系统安全运行，确保过程工况达到工艺要求，保证产品质量满足要求。

2) 确定被控参数

根据工艺条件，选择合适的过程变量作为被控变量，可以是可测量的直接参数，也可以是通过函数计算或参数估计的间接变量。过程参数的选择是体现控制目标的前提条件。

3) 选择操作量

根据生产工艺过程，从安全、方便、经济、实用的角度，选择适当的控制介质，对被控变量实施操控。

4) 确定控制方案和控制策略

按照控制目标的多少和控制精度的要求，首先考虑简单控制方法，如控制精度不够，则采用较为复杂的控制方案。如果是多输入多输出过程，可考虑多变量耦控制方案。如果是多目标综合控制，必须建立过程数学模型，采用最优控制或智能控制。

5) 选择执行器

过程工业中常用气动和电动两类执行器，要从安全环境、工艺条件和流量特征等方面来综合考虑合适的执行器。

6) 设计报警和连锁保护系统

正确设计报警和连锁保护系统是保障生产安全的重要措施，报警系统的作用是及时提醒操作人员密切注视生产中的关键参数，以便采取措施预防事故的发生。连锁保护系统是生产过程一旦发生事故时，为确保人身与设备的安全，迅速使被控制过程按预先设计的程序进行操作，或自动转入应急状态。

7) 系统的工程设计

要求图纸、文档齐备。

1.8 过程装备

流程工业中涉及的所有的机器和设备均属于过程装备，从传统的观点来看，过程装备可以包括以下几大类：流体动力过程及设备、传热过程及设备、传质过程及设备、热力过程及设备、机械过程及设备、化学过程及设备。

1.9　控制流程图

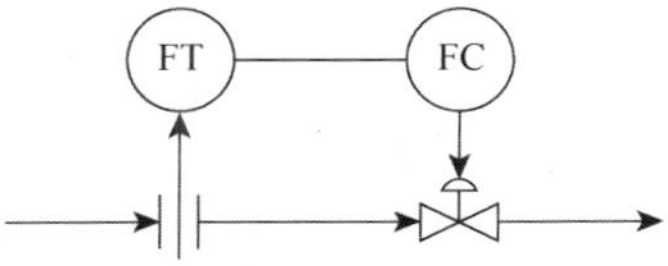

图 1.1　流量控制流程图

在控制方案确定后，根据工艺设计给出的流程图，并按流程顺序标注相应的测量点、控制点、控制系统及自动信号与连锁保护系统等，所形成的图称为控制流程图。如图 1.1 所示就是一个流量控制的控制流程图。

在控制流程图中，采用的图例符号要按有关的技术规定进行，包括图形符号、字母代码、仪表位置等。其中图形符号包括测量点、连接线和仪表，不同仪表安装位置的图形符号见表 1.1。字母代号一般有两位字母，第一位字母表示被测变量，后继字母表示仪表的功能。常用被测变量和仪表功能的字母代号见表 1.2。

表 1.1　仪表安装位置图形符号表示

序号	安装位置	图形符号	序号	安装位置	图形符号
1	就地安装仪表	 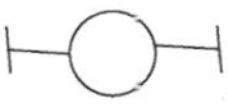	4	集中仪表盘后安装仪表	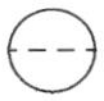
2	集中仪表盘面安装仪表		5	就地仪表盘后安装仪表	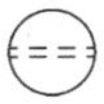
3	就地仪表盘面安装仪表				

表 1.2　被测变量和仪表功能的字母代号

字母	第一位字母		后继字母
	被测变量	修饰词	功能
A	分析		报警
C	电导率	差	控制(调节)
D	密度		
E	电压		检测元件
F	流量	比(分数)	
H	手动		
I	电流		指示
K	时间		自动-手动操作

续表

字母	第一位字母		后继字母
	被测变量	修饰词	功能
L	物位		
M	水分或湿度		
P	压力或真空		
Q	数量或件数	积分、累积	积分、累积
R	放射性		记录或打印
S	速度或频率	安全	开关、限锁
T	温度		传送
V	黏度		阀、挡板
W	力		套管
Y	供选用		继动器或计算器
Z	位置		驱动、执行

第 2 章　基本控制策略

2.1　单闭环控制

2.1.1　控制系统组成

简单的闭环控制系统通常是由一个测量变送器、一个控制器、一个执行器和一个被控对象四部分构成。单回路控制系统的方块图如图 2.1 所示。

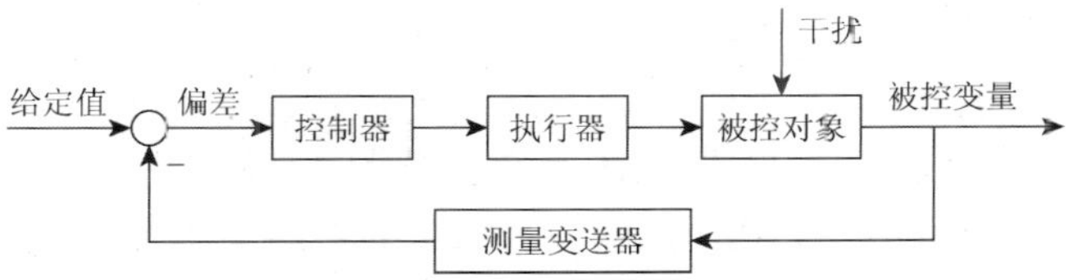

图 2.1　简单控制系统的方块图

(1) 被控对象是指受控的设备或机器，也可以说是在控制系统中反映操纵变量、扰动和被控变量之间关系的环节。

(2) 执行器是指接受被控变量的信号来改变操纵变量的环节。在过程控制中，执行器常为控制阀。

2.1.2　被控变量的选择

生产过程中希望借助自动控制保持恒定值(或按一定规律变化)的变量称为被控变量。

1. 被控变量的界定

它们对产品的产量、质量以及安全具有决定性的作用，而人工操作又难以满足要求的；人工操作虽然可以满足要求，但是这种操作是既紧张而又频繁的。

2. 选择被控变量的原则

(1) 被控变量应能代表一定的工艺操作指标或能反映工艺操作状态，一般是工艺过程中较重要的变量。

(2) 被控变量在工艺操作过程中经常受到一些干扰影响而变化。为维持其恒定，需要较频繁地调节。

(3) 尽量采用直接指标作为被控变量。当无法获得直接指标信号，或其测量和变送信号滞后很大时，可选择与直接指标有单值对应关系的间接指标作为被控变量。

(4) 被控变量应能被测量出来，并具有足够大的灵敏度。

(5) 选择被控变量时，必须考虑工艺合理性和国内仪表产品现状。

(6) 被控变量应是独立可控的。

2.1.3 操纵变量的选择

在自动控制系统中，把用来克服干扰对被控变量的影响，实现控制作用的变量称为操纵变量。最常见的操纵变量是介质的流量。

操纵变量的选择原则：

(1) 操纵变量应是可控的，即工艺上允许调节的变量。

(2) 操纵变量一般应比其他干扰对被控变量的影响更加灵敏。

(3) 在选择操纵变量时，除了从自动化角度考虑外，还要考虑工艺的合理性与生产的经济性。

2.1.4 控制器控制规律的选择

控制器是控制系统的核心。它的作用是将测量的信号与设定值相比较产生偏差信号，并按一定的运算规律产生输出信号。目前工业上常用的控制器主要有三种控制规律：比例控制规律(P)、比例积分控制规律(PI)和比例积分微分控制规律(PID)。

1. 比例控制器

比例控制器的输出与偏差成比例

$$u(t)=K_c e(t)+u_0 \tag{2.1}$$

式中：$u(t)$ 为控制器的输出信号；$e(t)$ 为测量变送信号与设定值的差值；K_c 为控制器增益；u_0 为当偏差为 0 时的输出信号。

比例控制器具有简单、调整方便的优点，但是会产生余差。余差的大小与开环增益有反比关系。因此比例控制系统适用于低阶过程，多用于就地控制和允许有余差的场合。

2. 比例积分控制器

比例积分控制器的数学计算式是

$$u = K_c\left(e + \frac{1}{T_i}\int_0^t e\mathrm{d}t\right) + u_0 \tag{2.2}$$

式中：T_i 为积分时间系数。

如果偏差为 0，则积分控制器的输出不变。偏差为正或负时，偏差积分后使控制器输出的信号向上或向下变化。

比例积分控制器一般适用于流量或快速压力系统的场合。

3. 比例积分微分控制器

理想的比例积分微分控制器的数学计算式是

$$u = K_c\left(e + \frac{1}{T_i}\int_0^t e\mathrm{d}t + T_d\frac{\mathrm{d}e}{\mathrm{d}t}\right) + u_0 \tag{2.3}$$

式中：T_d 为微分时间系数。

比例积分微分控制系统一般用于温度控制、成分控制、缓慢和多容过程，如在图 2.2 的液位控制系统和图 2.3 的温度控制系统中，采用比例积分微分控制算法可以实现较好的控制精度。

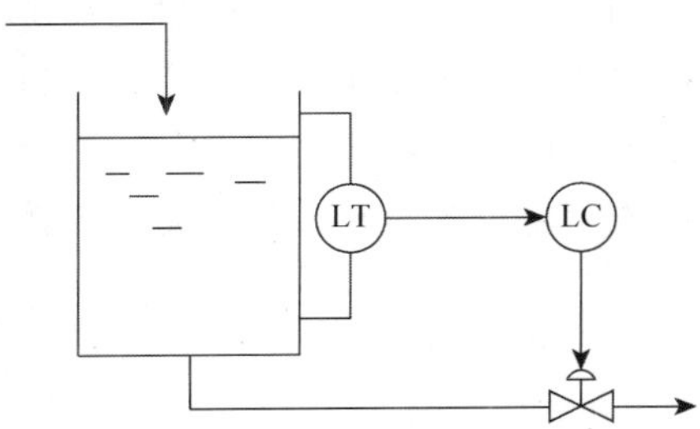

图 2.2 液位控制系统

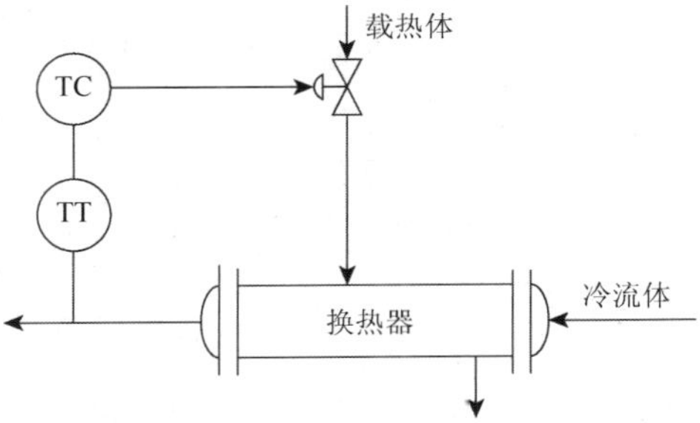

图 2.3 温度控制系统

2.2 串 级 控 制

2.2.1 系统结构

串级控制系统由两个或两个以上的控制器串联连接组成，一个控制器的输出作为另一个控制器的设定值。两个控制器分别都有测量输入，但是只有主控制器可以设定固定值，只有副控制器的输出信号输送到执行器。结构图如图 2.4 所示。

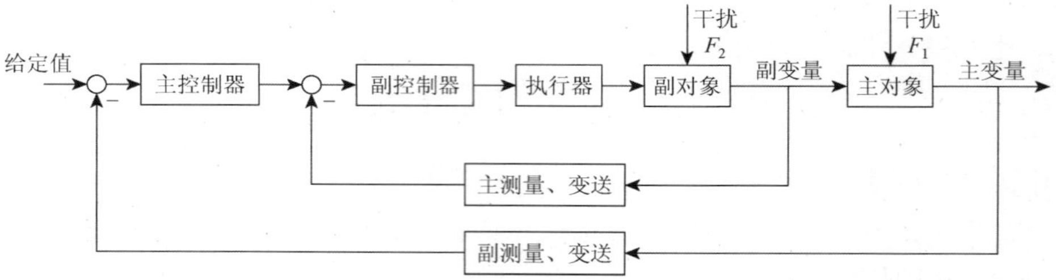

图 2.4　串级控制系统典型结构图

2.2.2　串级控制系统的结构特点

串级控制系统有两个闭合回路，主回路是一个定值控制系统，副回路是一个随动系统。在串级控制系统中，主变量是反映产品质量或生产过程运行情况的主要工艺参数，副变量的引入往往是为了提高主变量的控制质量，系统是基于主、副变量之间具有的一定的内在关系而工作的。

2.2.3　控制性能

在串级控制系统中，由于引入一个闭合的副回路，不仅能迅速克服作用于副回路的干扰，而且对作用于主对象上的干扰也能加速克服。副回路具有先调、粗调、快调的特点；主回路具有后调、细调、慢调的特点，并对于副回路没有完全克服掉的干扰影响能彻底加以克服。因此，在串级控制系统中，由于主、副回路相互配合、相互补充，充分发挥了控制作用，大大提高了控制质量。

下面以温度控制为例来介绍串级控制策略的应用，图 2.5 是燃料加热温度控制原理图。

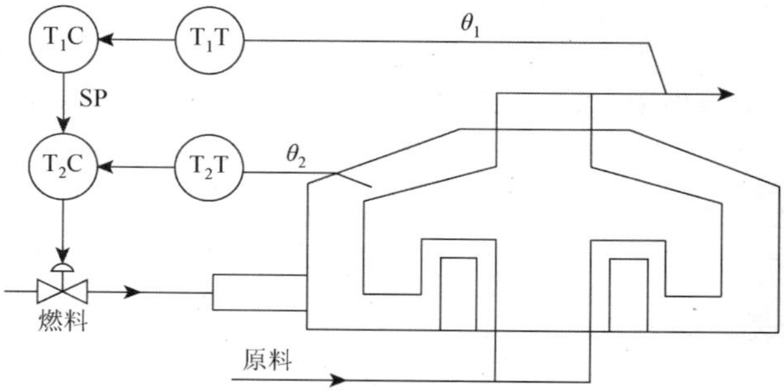

图 2.5　温度-温度串级控制系统

要求原料的出口温度保持恒定，而炉温对物料出口温度有直接的影响，燃料燃烧的热量首先使炉温发生变化，然后影响出口物料的温度。因此采用温度-温度串级控制，主回路是出口温度到燃料阀，副回路是炉温到燃料阀。在上述控制系统中，有两个控制器 T_1C 和 T_2C，接收来自对象不同部位的测量信号 θ_1 和 θ_2。T_1C 的输出作为 T_2C 的给定值，而后者的输出控制执行器以改变操纵变量。从系统的结构看，这两个控制器是串联工作的。

2.3 均 匀 控 制

2.3.1 控制作用

均匀控制是指对两个被控变量控制系统的同时兼顾，使这两个互相矛盾的参数均满足控制要求。均匀控制的条件：

(1) 两个变量在控制过程中都应该是缓慢变化的。

(2) 前后互相联系又互相矛盾的两个变量应保持在所允许的范围内波动。

2.3.2 均匀控制方案

(1) 简单均匀控制系统。简单均匀控制系统结构简单、实现方便，但是对外部扰动反应不及时。当过程自衡能力较强时，控制效果也较差。如图 2.6 所示简单均匀控制方法。

(2) 串级均匀控制系统。串级均匀控制系统适用于调节阀前后压力扰动较大，过程自衡作用较显著以及对流量要求较平稳的场合。图 2.7 是一个液位-流量串级控制方式，图中主回路是液位控制回路，副回路是流量控制回路，采用调节出口阀门来实现兼顾前后工艺控制要求。

(3) 双冲量均匀控制系统。冲量的概念是指短暂作用的信号或参数。

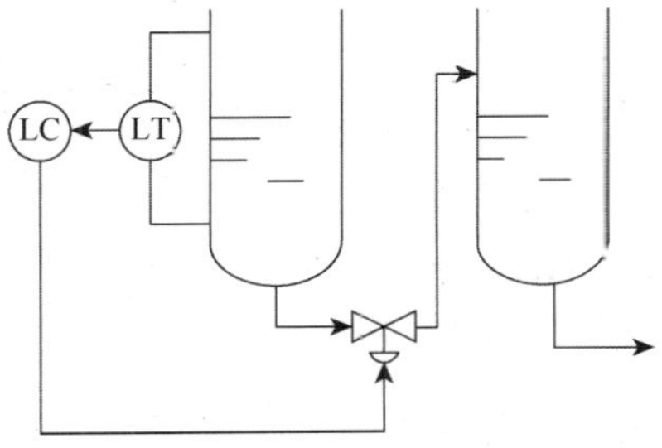

图 2.6 简单均匀控制

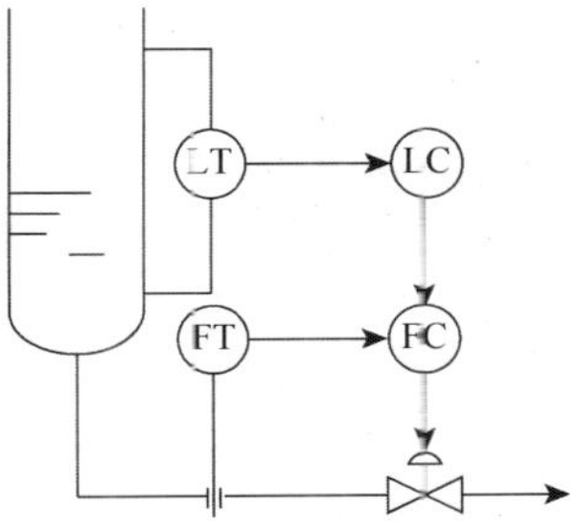

图 2.7 串级均匀控制

2.4 比 值 控 制

工业上为了保持两种或两种以上物料维持在一定比值的控制称为比值控制系统。

比值控制系统的类型：

(1) 开环比值控制。结构简单，只需一台纯比例控制器，其比例度可以根据比值要求来设定，主、副流量均为开环控制系统。

(2) 单闭环比值控制。这种方案的优点是结构简单，能确保两流量比值不变，是应用最多的方案(图 2.8)。

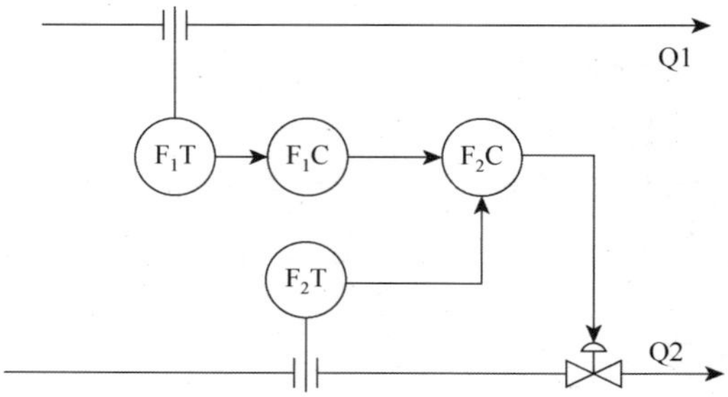

图 2.8　单闭环比值控制

(3) 变比值控制系统。要求两种物料的比值能灵活地随第三个参数的需要而加以调整，这样就出现一种变比值控制系统。

2.5 前 馈 控 制

前馈控制是一种按扰动变化大小进行控制的系统，控制作用在扰动发生的同时就产生，往往用“前馈”来克服主要干扰，再用“反馈”来克服其他干扰，组成“复合”的前馈-反馈控制系统。换热器的前馈-反馈控制系统如图 2.9 所示。

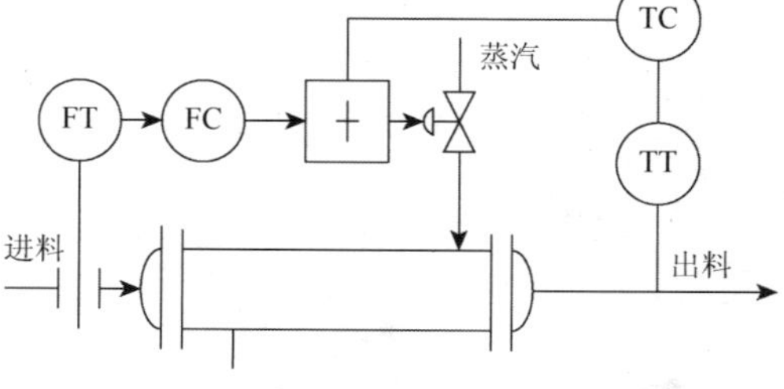

图 2.9　换热器的前馈-反馈控制

2.6 分 程 控 制

分程控制就是由一个调节器的输出信号控制两个或更多的控制阀，每个控制阀在控制器输出信号的某段范围内工作。分程控制示意图如图 2.10 所示。

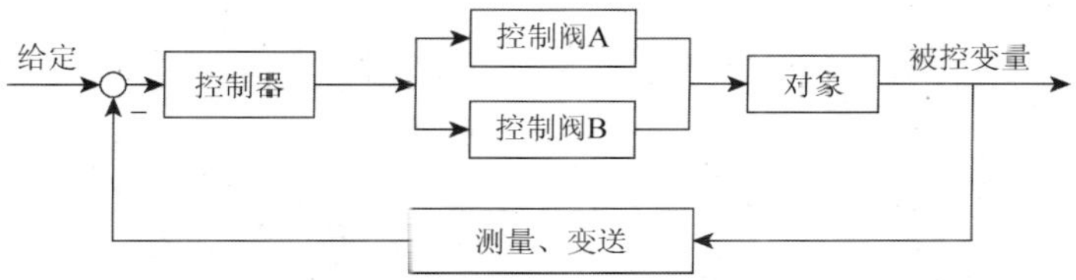

图 2.10　分程控制示意图

分程控制系统常用的应用场合：

(1) 生产中需用多种物料作调节介质的过程，如热交换器的热水和蒸汽分程控制（图 2.11）。

(2) 用来保证在不同负荷下的正常控制。

(3) 用以补充控制手段维持安全生产。

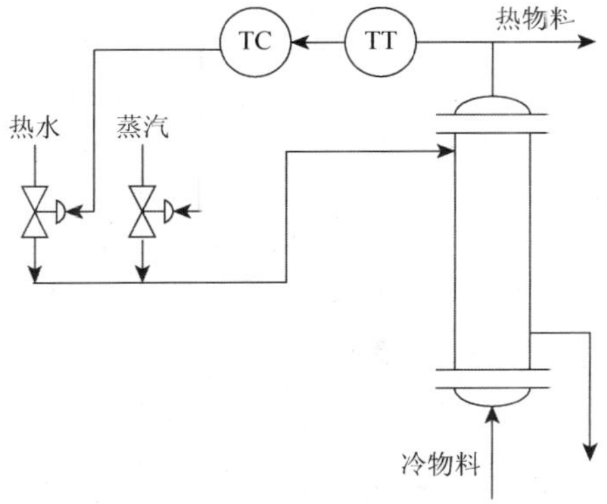

图 2.11　热交换器温度分程控制

2.7 选择性控制

当一个变量将要达到危险值时，就适当降低生产要求，以安全为主，让它暂时维持生产，降低质量要求，并逐渐调整生产，使生产朝着正常工况发展。选择性控制是软限控制，又称取代控制，结构图为图 2.12，图 2.13 为锅炉压力取代控制系统。

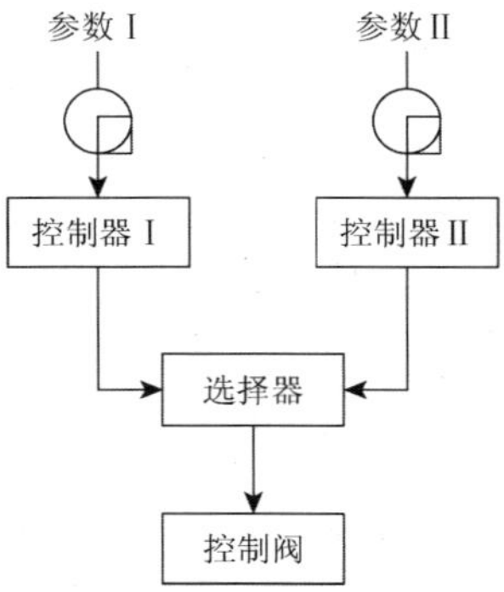

图 2.12　选择性控制示意图

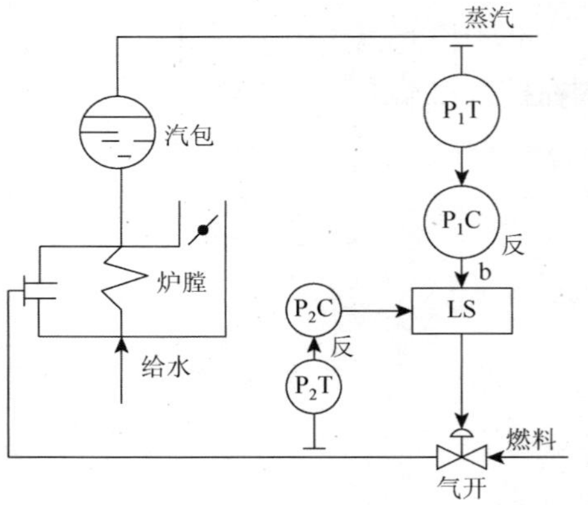

图 2.13　锅炉压力取代控制系统

第 3 章　流体输送设备控制

大部分生产流程中的各个生产设备之间都是由管道中的物料流和能量流连接起来，进行各种各样的化学反应、分离、吸收过程，从而生产出预期的产品。物料流和能量流都称为流体。流体分为气体和液体。通常粉体物料也通过流体的流动在设备间流动。工业生产过程中，为了使生产连续，输送流体或提高流体压力的机械设备称为流体输送设备。输送液体、提高液体压力的机械设备称为泵；输送气体、提高气体压力的机械设备称为风机或压缩机。

流体输送控制系统中，被控变量是流量，操纵变量也是流量，它们是同一物料的流量。因此，被控过程接近 1∶1 的比例环节，时间常数很小，广义对象传递函数需考虑检测变送和执行器的特性。由于检测变送、执行器和流量对象的时间常数接近且数值不大，因此组成的流量控制系统可控性较差，系统工作频率较高，控制器的比例度需设置较大，如需消除余差而引入积分，则积分时间也与对象时间常数在相同的数量级，如几秒到几分钟。通常，不引入正微分，如果必要可引入反微分，并采用测量微分的接法。

流体输送控制系统一般采用节流装置检测流量，因此，对检测信号应进行高频滤波，可减弱流量信号脉动和湍流的影响。为了在控制系统中不引入非线性，宜采用差压变送器和开方器或用线性检测变送仪表检测变送流量信号。流量控制阀的流量特性通常可选择线性特性，一般不宜安装阀门定位器，否则易引起系统的共振。

流体输送控制系统的控制目标是被控流量保持恒定（定值控制）或跟随另一个流体流量变化（比值控制）。主要扰动来自压力和管道阻力的变化，可采用适当的稳压措施，也可将流量控制回路作为串级控制系统的副环。

3.1　离心泵的基本控制

3.1.1　离心泵的工作特性

离心泵是在工业生产中使用最广的液体输送设备，它主要由叶轮和机壳构成。离心泵是依靠离心泵翼轮旋转所产生的离心力来提高液体的压力，即压头（两点间

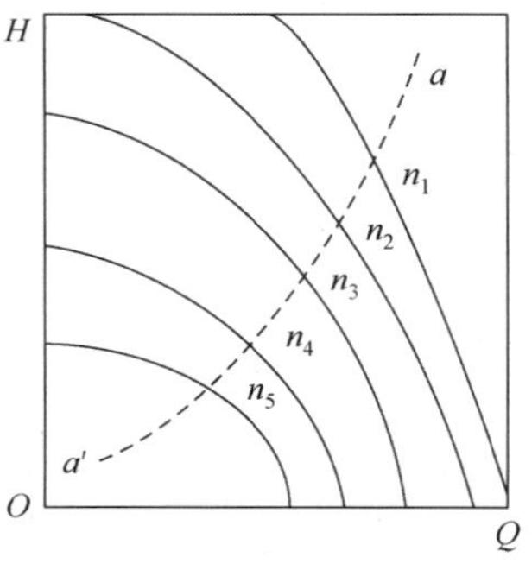

图 3.1　离心泵的工作特性

的高度差）。转速越高，离心力越大，流体出口压力越高。随着出口阀开度增大，流量增大，流体的压力下降。离心泵的压头 H、流量 Q 和转速 n 之间的关系称为离心泵的工作特性，如图 3.1 所示，也可用关系式表示为

$$H = k_1 n^2 - k_2 Q^2 \tag{3.1}$$

式中：k_1 和 k_2 为比例系数。

离心泵输送液体，当出口阀关闭时，液体会在泵体内循环，这时压头最大，而排出流量为零。泵将机械能转化为热能，使液体发热升温，因此在泵运转后，应及时打开出口阀。

3.1.2　管路特性

管路特性是管路系统中流体的流量与管路系统压头的相互关系，如图 3.2 所示。

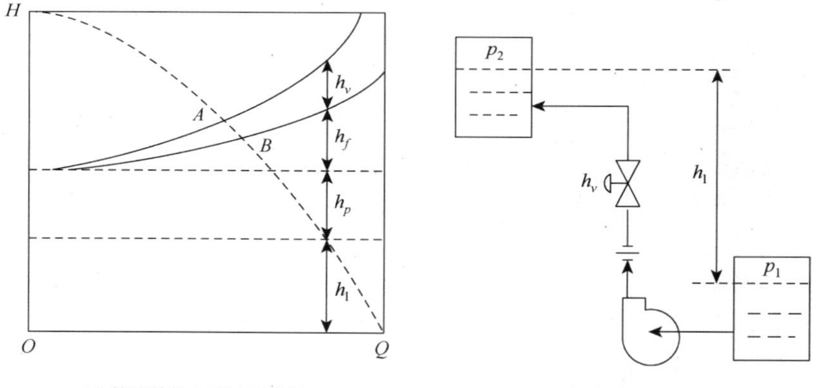

(a) 管路特性与离心泵特性　　(b) 管路系统阻力分布

图 3.2　管路系统及其管路特性

图 3.2 中，h_1 是液体提升高度所需的压头，即升扬高度，当设备安装位置确定后，该项恒定。h_p 是用于克服管路两端静压差所需的压头，即 $(p_2 - p_1)/\gamma$，γ 是液体的密度。当设备压力稳定时，该项也变化不大。h_f 是用于克服管路摩擦损耗的压头，该项与流量平方值近似成比例。h_v 是控制阀两端的压降，当控制阀开度一定时，与流量平方值成比例，即该项与流量和阀门开度有关。因此，管路压头 H 与流量之间的关系如图 3.2(a) 中实线所示，可表示为

$$H = h_1 + h_p + h_f + h_v \tag{3.2}$$

3.1.3　离心泵的工作点

管路特性与离心泵工作特性的交点是离心泵的工作点。离心泵的工作点与离心泵工作特性有关，还与管路系统的阻力有关。由于控制阀开度变化时管路特性变化，因此，当控制阀开度增大时，控制阀两端的压降降低，离心泵工作点从 A 点移到 B 点［图 3.2(a)］，这时液体排出的流量增大，压头下降。

3.1.4　离心泵的控制

通过下列控制方案可以改变离心泵的工作点，从而控制离心泵的排出量。

1. 改变控制阀开度

由图 3.2 可见，改变控制阀开度，管路特性发生变化，直接改变液体的排出量。由于离心泵的吸入高度有限，控制阀如果安装在进口段，会出现气缚或汽蚀现象。气缚是由于进口压力过低，使液体部分汽化，气体膨胀使液体不能排送的现象；汽蚀是入口处压强低于饱和蒸汽压，液体局部汽化，生成气泡，并从低压区进入高压区，在高压区急剧收缩、凝结，此时周围的液体高速冲向原气泡所占空间，引起冲击和震动。因此，为防止气缚和汽蚀的发生，一般将控制阀安装于出口侧。

当采用控制阀直接节流的控制方案时，控制阀通常安装在检测元件的下游。直接节流时，控制阀两端的压差随流量而变化，阀门开度增大时，流量增大，控制阀两端的压降反而降低。控制方案如图 3.3 所示。

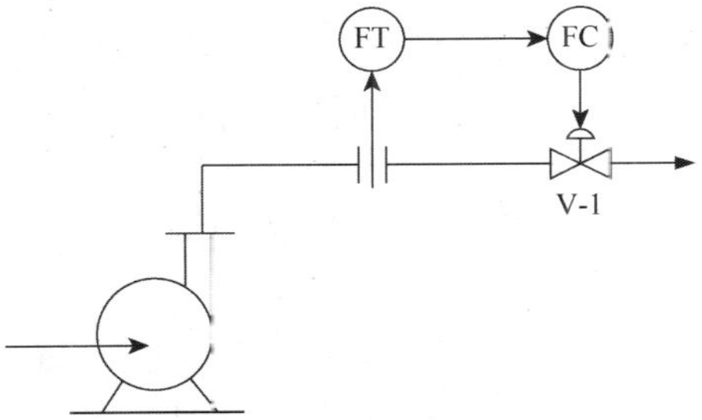

图 3.3　泵出口节流调流量

该控制方案简单易行，适用于流量较小的场合，因总机械效率低，故不宜用于排出量低于正常值 30%的场合。

控制阀一般安装在泵的出口管线上，而不应该安装在泵的吸入管线上。

2. 调节泵的转速

如图 3.4 所示，改变泵的转速，使离心泵流量特性形状变化，起到调节流量的作用，采用的调节方法如下：

(1) 当电动机为原动机时，采用电动机调速方法，通过多种调速装置，改变电动机转速，从而改变泵的转速。

(2) 当汽轮机为原动机时，调节导向叶片角度或蒸汽流量。

(3) 采用变频调速器，或利用原动机与泵连接轴的变送器。

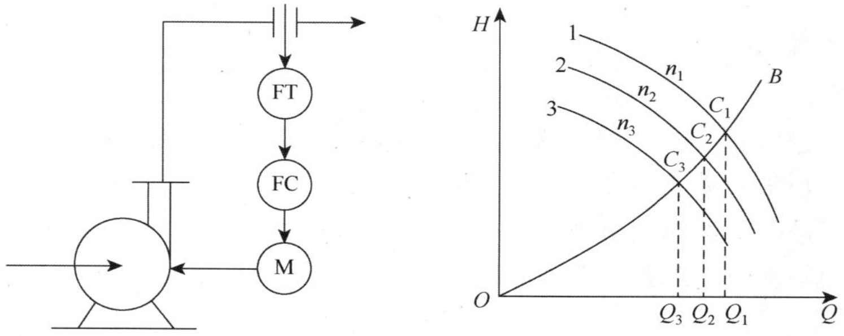

(a) 改变泵的转速调流量　　(b) 转速调流量 H-Q 特性

图 3.4　调节泵的转速

采用这种控制方案时，在液体输送管线上不需安装控制阀，因此不存在 h_v 项的阻力损耗，机械效率较高。

该控制方案在重要的大功率离心泵装置中有逐渐扩大采用的趋势。但具体实现这种方案较复杂，所需设备费用也较高。

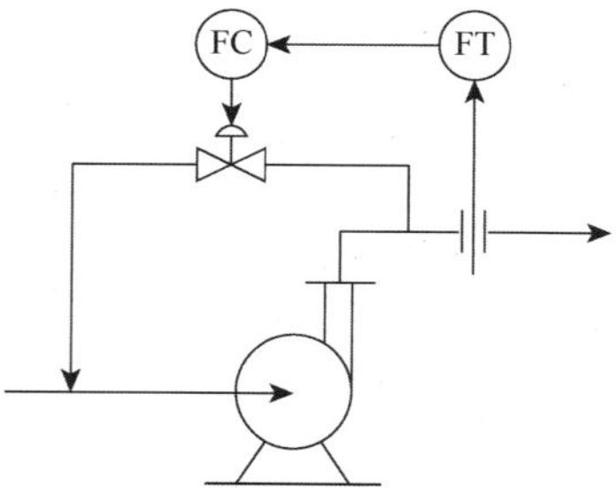

图 3.5　改变旁路阀调流量

3. 旁路控制

旁路控制方案如图 3.5 所示，在泵的出口与进口之间加上一个旁路管道，通过改变旁路控制阀开度，控制实际排出量。

该方案结构简单，控制阀口径相对较小。但泵供给的能量部分消耗在控制阀旁路的那部分液体，因此总机械效率较低。当流体黏度高或液体流量测量较困难，而管路阻力较恒定时，控制方案可采用压力作为被控变量，稳定出口压力，间接控制流量。

3.1.5 离心泵特性曲线

实验表明，离心泵在工作时的扬程、功率和效率等性能参数并不是固定的，而是随流量的变化而变化。将实验测得的离心泵的流量 Q 与扬程 H、轴功率 N 和效率 η 间的关系绘制在一张图上，称为离心泵的特性曲线或工作性能曲线。此曲线通常由泵的制造商提供并附于离心泵样本或说明书中，供用户选择和操作离心泵时参考。

图 3.6 所示的是某离心泵在转速 n=2900r/min 时的特性曲线，由 H-Q、N-Q 及 η-Q 三条曲线组成。由于特性曲线随转速而变，故特性曲线上除标明泵的型号以外，一定要标出实验时的转速。各种型号的离心泵在各转速条件下具有其各自的特性曲线，它们的特性曲线存在下列共同点。

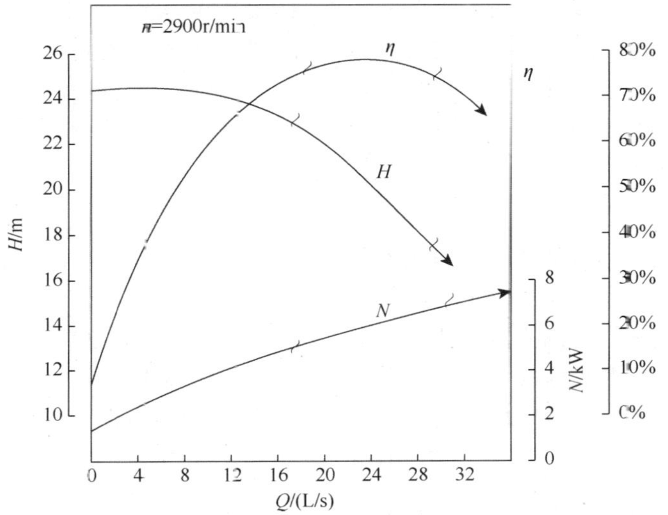

图 3.6 离心泵的特性曲线

1. H-Q 曲线

H-Q 曲线反映泵的扬程与流量间的关系。离心泵的扬程随流量的增大而下降

（在流量极小时可能有例外），多数离心泵的 H-Q 曲线中扬程随流量下降比较平缓，其特点是流量变化较大而扬程变化不大；少数离心泵的 H-Q 曲线较为陡峭，当流量变化很小时，扬程变化很大，宜用于系统压力多变但流量变化不大的特殊场合（如锅炉的给水泵）。

2. N-Q 曲线

N-Q 曲线反映泵的轴功率与流量间的关系。离心泵的轴功率随流量的增大而上升，流量为零时轴功率最小。所以，在离心泵启动前应先关闭泵的出口阀门，减小启动功率，保护电机。

3. η-Q 曲线

η-Q 曲线反映泵的效率与流量间的关系。由图 3.6 所示的特性曲线可看出，当 Q=0 时，η=0；随着流量增大，泵的效率随之上升并达到最大值；此后随流量的增大而下降。这说明离心泵在一定转速下有一最高效率点，称为设计点。泵在最高效率相对应的流量及扬程下工作最为经济，所以与最高效率点对应的 Q、H、N 值称为最佳工况参数。离心泵的铭牌上标出的性能参数就是指该泵在运行时效率最高点的性能参数。根据输送条件的要求，离心泵往往不可能正好在最佳工况点下运转，因此一般只能规定一个工作范围，称为泵的最佳工况区，为最高效率的 92%左右，如图中波折号所示的范围。选用离心泵时，应尽可能使泵在此范围内工作。

3.1.6 影响离心泵性能的主要因素

生产厂家提供的离心泵特性曲线是在一定的转速下用 20℃的水为介质测得的，而实际生产中所输送的液体是多种多样的，工作状况也不同，需考虑密度、转速及工作条件的影响，对厂家提供的特性曲线进行校正。

1. 液体物性对离心泵特性的影响

1）密度的影响

离心泵的扬程、流量、效率均与液体的密度无关，所以离心泵特性曲线中的 H-Q 及 η-Q 曲线保持不变。但泵的轴功率与输送液体的密度有关，随液体密度而改变。因此，当被输送液体的密度与水的不同时，原离心泵特性曲线中的 N-Q 曲线不再适用，此时泵的轴功率可按式(3.3)重新计算。

$$N=\frac{QH\rho g}{3600\eta}\times 100\% \tag{3.3}$$

2)黏度的影响

若被输送液体的黏度大于常温下水的黏度，则泵壳内液体的能量损失增大，泵的扬程、流量减小，效率下降，而轴功率增大，即泵的特性曲线均发生变化，对小型泵的影响尤为显著。当液体的运动黏度 $\gamma(\gamma=\mu/\rho)$ 大于 $2\times10^{-5}\mathrm{m^2/s}$ 时，需要参考有关手册予以校正。

2. 转速对离心泵特性的影响

离心泵的特性曲线都是在一定转速下测定的，但在实际使用时常遇到要改变转速的情况，此时泵的扬程、流量、效率和轴功率也随之改变。不同转速下泵的流量、扬程、轴功率与转速的近似关系为

$$\frac{Q_1}{Q_2}=\frac{n_1}{n_2};\frac{H_1}{H_2}=\left(\frac{n_1}{n_2}\right)^2;\frac{N_1}{N_2}=\left(\frac{n_1}{n_2}\right)^3 \tag{3.4}$$

式中：Q_1、H_1、N_1 分别为转速为 n_1 时泵的流量、扬程、轴功率；Q_2、H_2、N_2 分别为转速为 n_2 时泵的流量、扬程、轴功率。

式(3.4)称为离心泵的比例定律。当泵的转速变化在±20%、泵的效率可视为不变时，用式(3.4)进行计算误差不大。

3. 叶轮直径对离心泵特性的影响

当离心泵的转速一定时，其扬程、流量与叶轮直径有关。对某一型号的离心泵，对原叶轮进行切削，该过程称为叶轮的“切割”。叶轮直径和泵的流量、扬程、轴功率之间的近似关系为

$$\frac{Q_1}{Q_2}=\frac{D_1}{D_2};\frac{H_1}{H_2}=\left(\frac{D_1}{D_2}\right)^2;\frac{N_1}{N_2}=\left(\frac{D_1}{D_2}\right)^3 \tag{3.5}$$

式中：Q_1、H_1、N_1 分别为叶轮直径为 D_1 时泵的流量、扬程、轴功率；Q_2、H_2、N_2 分别为叶轮直径为 D_2 时泵的流量、扬程、轴功率。

式(3.5)称为离心泵的切割定律。为扩大泵的适用范围，一台泵配置几个直径不同的叶轮，用A或B表示切割序号，以供选用。

3.2　容积式泵的基本控制

3.2.1　容积式泵的工作特性

容积式泵分为往复式和直接位移旋转式两类，往复泵有活塞式泵、柱塞式泵等；直接位移旋转式泵有椭圆齿轮泵、螺杆式泵等。往复泵的特点是泵的运动部件与机壳之间的空隙很小，液体不能在缝隙中流动，泵的排出量与管路系统无关。往复泵的排出量Q仅与单位时间活塞的往复次数n、冲程S、汽缸截面积F等有关，旋转泵排出量Q仅取决于转速n。往复泵的流量特性如图3.7所示。往复泵和旋转泵的流出量可分别表示为

$$Q = nFS\eta \text{（往复泵）或 } Q = kn\eta \text{（旋转泵）}$$

式中：η为泵效率；k为旋转泵系数。

容积式泵的排出量Q与压头H关系很小，因此不能用出口管线直接节流来控制流量。如果出口阀关死，将发生泵损、机毁的事故。

3.2.2　容积式泵的控制

容积式泵主要采用调节转速、活塞的往复次数和冲程的方法，也可采用旁路控制。

1)调节原动机的转速(包括往复泵的往复次数)

调速控制方法与离心泵调速控制方法相同，如图3.8所示。

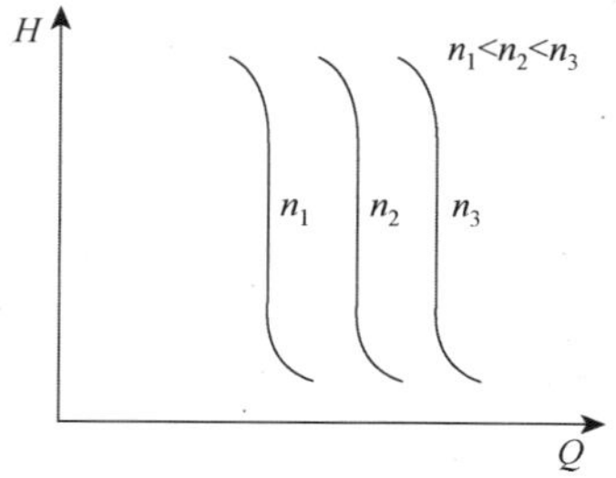

图3.7　往复泵的特性曲线

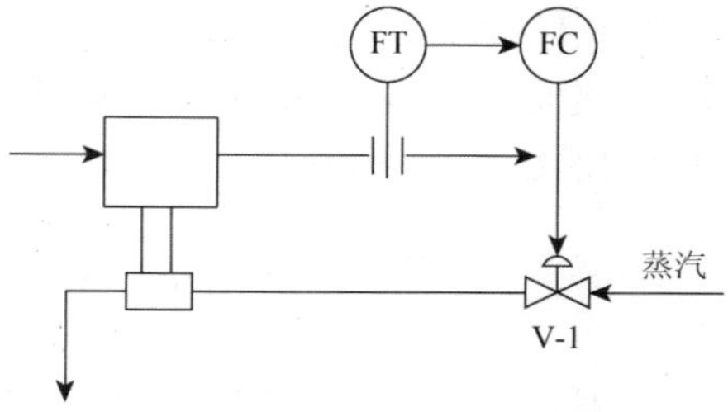

图3.8　容积式泵调速方案

2) 改变往复泵的冲程

这种方案的控制设备复杂，有一定难度，仅用于一些计量泵等特殊往复泵的控制场合。计量泵常用改变冲程 S 来进行流量控制。冲程 S 的调整在停泵时进行，也有在运转状态下进行的。

3) 旁路控制

与离心泵的旁路控制方案相同，是最常用的容积式泵控制方案，如图 3.9 所示。

4) 旁路控制出口压力

与离心泵出口压力控制旁路控制阀的控制方案相似，通过旁路控制使泵出口压力稳定，然后用节流控制阀控制流量，控制方案如图 3.10 所示。通常，压力控制可采用自力式压力控制阀，但这两个控制回路有严重关联，为此，可错开控制回路的工作频率，将排出流量作为主要被控变量，压力控制器参数整定较宽来削弱或减小系统的耦合。

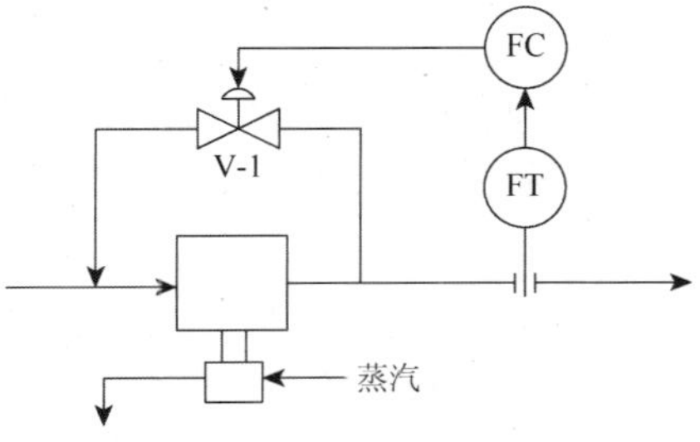

图 3.9　改变旁路流量

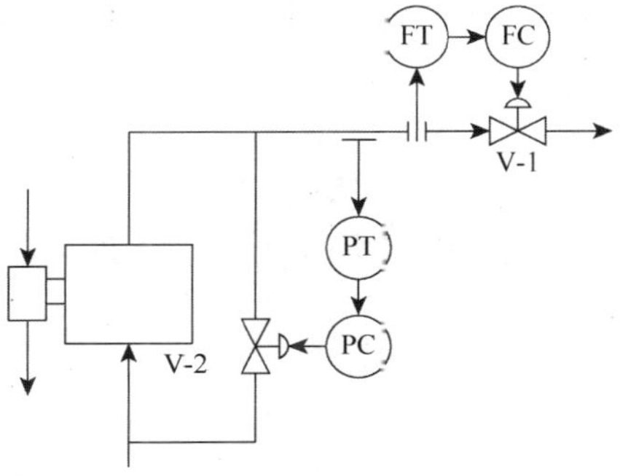

图 3.10　往复泵出口压力与流量的控制

3.3　风机的基本控制

3.3.1　风机的工作特性

离心式风机的工作原理与离心泵相似，是通过叶轮旋转产生离心力，提高气体压头。与离心泵相比，风机的叶轮直径较大，叶片的数量较多，其性能参数包括风量、压头、功率和效率。按出口压力的不同，分为送风机和鼓风机两类，前者出口表压小于 10kPa，后者出口表压为 10～30kPa。其特性曲线如图 3.11(a) 所示，它表示某种型号的风机在一定转速下，以 20℃空气为介质测得的风量 Q 与风压 H_T、静风压 H_{st}、功率 N、效率 η 之间的关系。

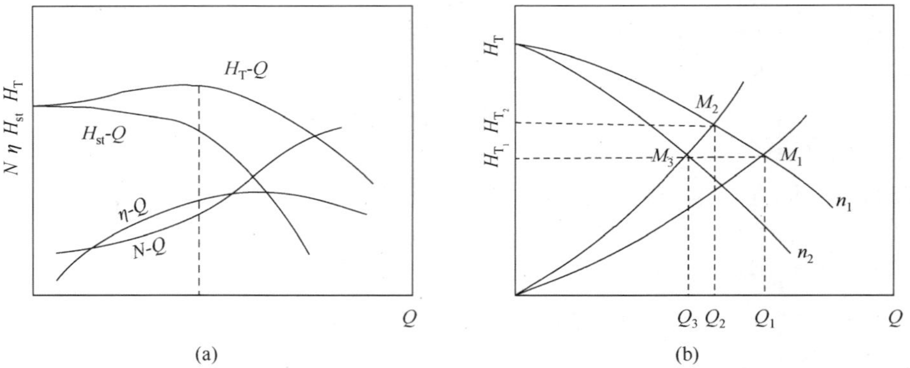

图 3.11　风机工作特性

3.3.2　风机的控制

离心式风机的控制类似于离心泵的控制，有下列几种。

1) 调节转速

转速增大时，风机工作特性在图 3.11(b) 曲线中从 n_2 移到 n_1。该方案最经济，但设备比较复杂，常用于大功率风机，尤其是蒸汽透平带动的大功率风机。

2) 直接节流

分入口节流和出口节流两种方式。由于风机控制的流量较大，通常采用蝶阀作为执行器。采用出口节流方式时，阀门关小，管路阻力增加，风机工作点从 M_1 移到 M_2，风量也从 Q_1 下降到 Q_2。但实际需要压力是 p_1，因此，p_2-p_1 的节流压损消耗在蝶阀挡板，节流后造成压损使管路特性左移，风机的排出量 Q 减小。采用入口节流方式时，吸入压力因控制阀关小而减小，使出口压力减小，风机工作特性从 1 移到 2，同时管路阻力变化，因此，工作点从 M_1 移到 M_3，风量也从 Q_1 下降到 Q_3。可以看到，在控制阀上的压损，采用出口节流方式时比入口节流方式时要大，即用入口节流风压的损失较小。所以，出口风压较小的送风机常采用入口节流控制方案，而出口风压较大的鼓风机常采用出口节流控制方案。要求风压较高的应用场合也应采用入口节流控制。

采用入口节流控制时，为防止发生喘振，应注意入口流量不能太小。离心式风机在运行过程中，当负荷降低到一定程度时，气体排出量会出现强烈振荡，同时机身也会剧烈振动，并发生“哮喘”或发出很大的声音，这种现象称为风机的喘振。有时，可结合旁路控制组成分程控制，如图 3.12 所示。

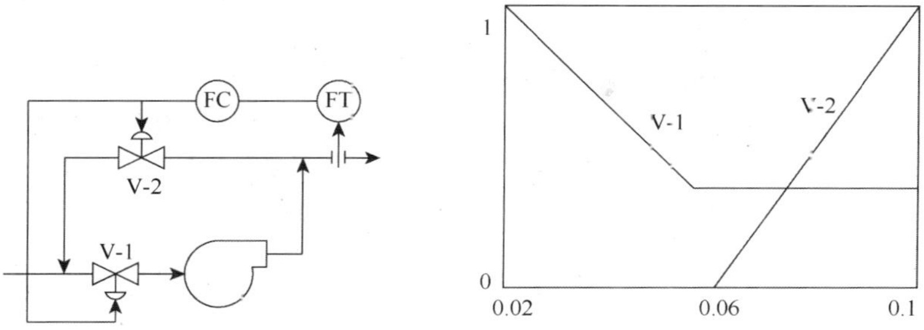

(a) 控制原理图　(b) 阀门运行图

图 3.12　风机的分程控制

3) 旁路控制

控制方案与离心泵旁路控制方案相同。

3.4　压缩机的基本控制

压缩机是将低压气体提升到高压的一种从动的流体机械，是制冷系统的心脏，也用于热泵系统。它从吸气管吸入低温低压的制冷剂气体，通过电机运转带动活塞对其进行压缩后，向排气管排出高温高压的制冷剂液体，为制冷循环提供动力，从而实现压缩→冷凝→膨胀→蒸发(吸热)的制冷循环。压缩机的一般出口压力大于 300kPa。压缩机分为往复式压缩机和离心式压缩机两大类。

3.4.1　往复式压缩机的控制

往复式压缩机用于压缩流量小、压缩比高的气体。常用控制方案有汽缸余隙控制、顶开阀控制(吸入管线上的控制)、旁路回流量控制、转速控制等。有时可将控制方案组合使用。

一台大型往复式压缩机通常有下列控制系统。

1. 转速控制

当压缩机由内燃机、燃气轮机或调速电动机驱动时，可以通过原动机转速变化来实现排气量控制。

转速控制的优点是：气量连续，比功率消耗小，压缩机各级压力比保持不变，压缩机上不需要设专门的调节机构。

转速控制受到的限制：它仅使用在驱动机为内燃机和汽轮机的压缩机上，如果驱动机为电动机，则需要配置变频器，由于大功率、高压变频器价格昂贵，而且需要大量的维护、维修工作，因此，目前在电动机驱动型的往复式压缩机上很少采用该方法，同时，润滑不充分等问题也限制了该方法的广泛应用。

2. 停转速控制

这是一种间断控制方式，它的要点是当排气压力将要超过许可值时，通过继电器使电动机断电停转，排气量为零；这时只靠储气罐供气，压力逐渐下降，当压力降到规定值时，电动机又自动启动，开始排气。

该方法的优点是操作简单，维护方便，压缩机上不需要设专门的调节机构。

该方法的缺点是气量不连续，调节周期长，有滞后性。

3. 旁路回流量控制

在压缩排气系统的逆止阀前，用旁通阀将压缩机排出的气体又自由导入进气管，使排气量为零，压缩机进入空运转状态。

该方法属于间歇控制，结构简单，在进气管连通后，功耗主要是克服旁通管路及旁通阀的流动阻力，故该调节方法的经济性也较好，常用于大型高压压缩机的启动卸荷，以及中、小型压缩机的排气量的间断控制。

4. 汽缸余隙控制

在压缩机的汽缸上，除原有的余隙容积之外，另设补充余隙容积，在排气量需要调小时，将其接入汽缸增加总余隙容积，使容积系数下降，以达到减少排气量的方法。

设余隙的作用：一是防止液击；二是余隙内气体的膨胀可以起到缓冲的作用，对阀门的开关有好处；三是防止活塞杆拉长、活塞帽松动、撞缸等。

图 3.13 所示是氮压缩机汽缸余隙及旁路控制的流程图，这套控制系统允许负荷波动范围 60%～100%，是一个分程控制系统，即当控制器输出信号在 20～60kPa 时，余隙阀动作。当余隙阀全部打开、压力还下不来时，旁路阀动作，即控制器

输出信号在 60%～100%时旁路阀动作，以保持压力恒定。

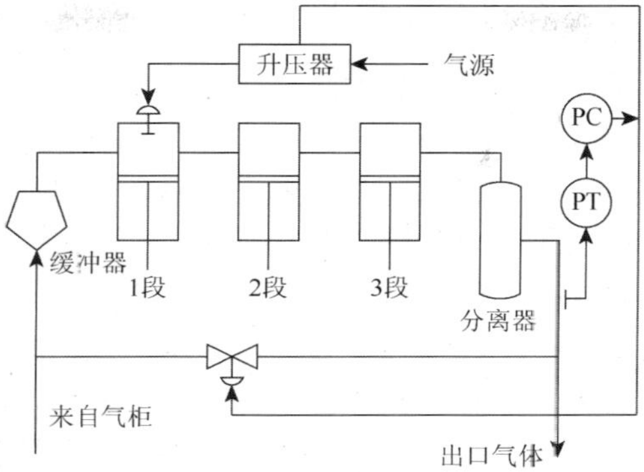

图 3.13　氮压缩机汽缸余隙及旁路控制流程图

5. 压开进气阀控制

压开进气阀控制的原理是，用一装置强行压开进气阀，使吸气过程中吸入的气体在活塞返程时又全部或部分从进气阀流回，即使用压缩机的泄漏量增加、泄漏系数减少的方法来减少排气量。

这种控制方法的经济性好，但因阀片受额外载荷，故寿命较短，密封性变差，大中型压缩机作卸荷或空载启动时常用该方法。压开进气阀控制主要有全行程完全顶开进气阀控制和部分行程顶开进气阀控制。

6. 进气节流控制

进气节流控制是利用装在进气管路上的节流阀，减少压缩机的吸气量来减少排气量的。节流使进入汽缸的气体的压力降低，另外使汽缸温度升高(实际压力比升高)。节流阀的摩擦会使进气温度升高，温度系数下降。

用该方法调节排气量时，指示功耗增减与原来的压力比有关。

该方法的缺点：一是节流会引起排气温度升高；二是节流可能在吸气管内产生负压，而负压又可能使外界空气吸入，这对被压缩工质不允许有空气混入的情况是必须注意的。进气节流调节适合于调节幅度较小的情况。

7. 切断进气控制

切断进气控制的原理是，利用装在进口上的负荷控制阀(又称减荷阀)，将压缩机上的进气口阻塞，使吸气系数为零，排气量等于零，压缩机进入空运转状态，此时的功率消耗为额定功率的 2%～3%。这种调节方法不但经济而且简单，所以在动力用空气压缩机上应用十分广泛。

使用减荷阀调节时应注意以下几个问题：

(1) 切断进气后，压比升高会使排气温度短暂升高，只有等到减荷阀与进气阀间的气体逐渐被吸走后，排气温度才会下降，所以减荷阀应尽量靠近汽缸进口，以减少它与进气阀间的容积，缩短排气温度持续上升的时间。

(2) 双作用汽缸在切断进气后，由于活塞的一边先产生真空，因此会产生短期较大的活塞力。

(3) 真空的汽缸会将曲轴箱中的润滑油的油雾吸入，增加耗油量。

(4) 真空负压会吸入外界空气，所以对于一些不允许与空气混合的气体压缩机，这种方法是不适宜的。

8. 液压式无级气量控制

在石油化工工业中，有不少大功率(功率 500kW 以上)压缩机，因工艺要求经常需要调节气量，或者常年都在大幅低于设计排气量的情况下工作。长期以来，常用的方法是靠打回流等方法来调节，造成资源的浪费。目前，专门为往复式压缩机开发出了液压式无级气量调节系统，这一技术从根本上改变了传统进气阀靠阀片两侧压差控制气阀启闭的状态，而使之成为受液压装置控制的受控阀。它的主要作用是通过计算机实时处理压缩机运行过程中的状态数据，并将信号反馈至执行机构内的电子模块，通过液压执行机械来实时控制进气阀的开启与关闭时间，实现压缩机排气量 0～100%全行程范围无级调节控制，气量调节系统可以使气量调节变得操作简单、维护简易，使压缩机更有效地运行，并可以大量节约能源。

3.4.2　离心式压缩机的控制

离心式压缩机随工业规模的大型化而向高压、高速、大容量、自动化方向发展。由于离心式压缩机具有体积小、流量大、质量轻、运行效率高、易损件少、维护方便、汽缸内无油气污染、供气均匀、运转平稳、经济性较好等优点，而得到很广泛的应用。

离心式压缩机也存在一些技术问题有待解决，如离心式压缩机的喘振、轴向推力大、轴位移等，并且微小的偏差很可能造成严重事故，且事故出现十分迅速和猛烈，仅靠操作人员处理常措手不及。为保证压缩机能在工艺所需工况下安全运行，必须设计一系列自动控制系统和安全连锁系统。

一台大型离心式压缩机通常有下列控制系统。

1. 气体流量控制系统

常用方法有以下几种。

(1) 出口节流：为减少阻力损失，在出口管路上安装导向叶片，通过改变出口导向叶片的角度，改变气流方向，从而改变流量。它比进口节流节省能量，但要求压缩机出口有导向叶片装置，因此结构较复杂，用于离心式通风机和小型鼓风机，如图 3.14 所示。

(2) 入口节流：如图 3.15 所示，改变入口阻力，在入口设置控制挡板，用于改变管路阻力，但因入口压力不能保持恒定，灵敏度高，所以较少采用。

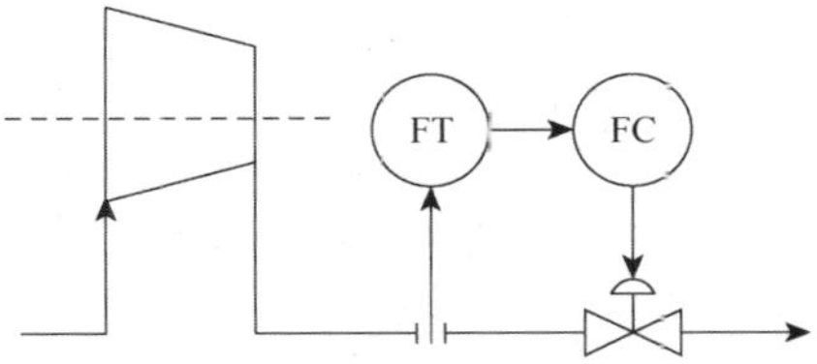

图 3.14　出口节流方案

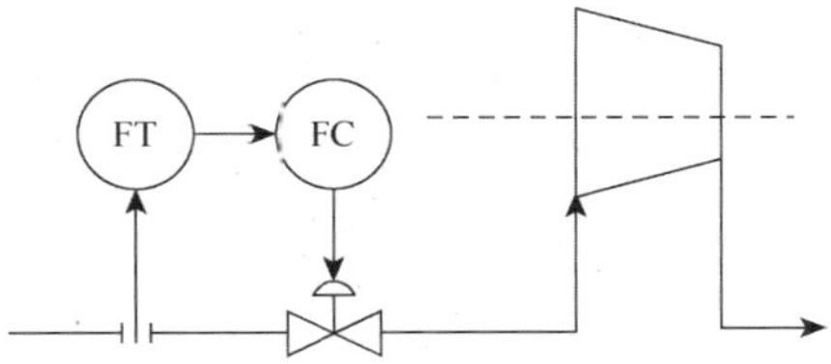

图 3.15　入口节流方案

(3) 分程控制：在控制阀关小时，会在压缩机入口端形成负压，这样吸入同样容积的气体，其质量流量减少了，压缩机的效率就降低，这时，可采用分程控制方案，如图 3.16 所示。出口流量控制器 FC 控制两个阀，吸入阀 V-1 只能关小到一定开度，如果需要的流量更小，则应打开旁路阀 V-2，以避免入口端负压严重。两个阀的特性如图 3.17 所示。

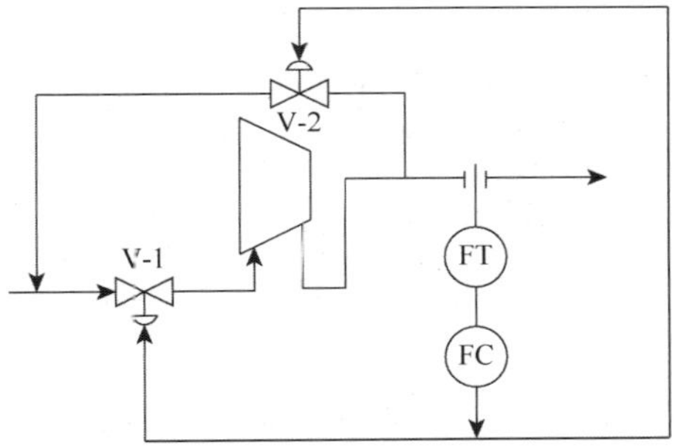

图 3.16　压缩机分程控制方案

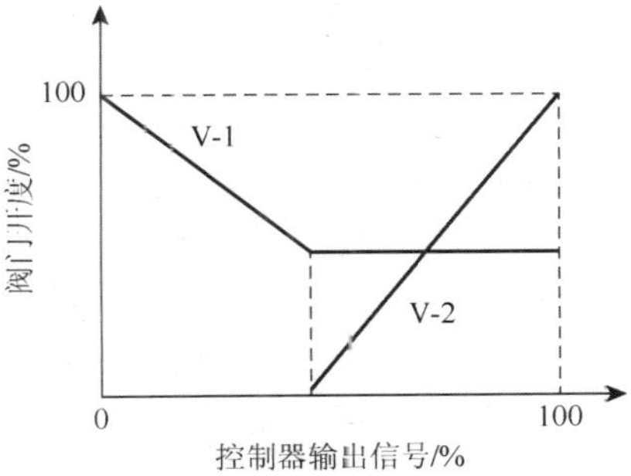

图 3.17　分程阀的特性

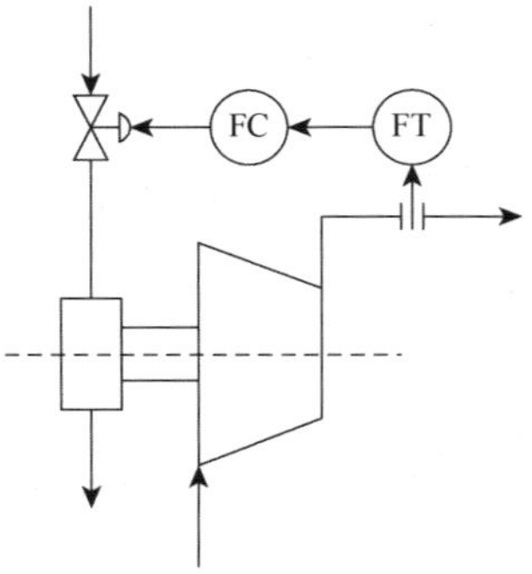

图 3.18　压缩机转速控制方案

(4) 转速控制：改变压缩机转速，这种方案最节能，尤其是采用蒸汽透平作为原动机的离心式压缩机，实现调速容易，应用也较广泛，如图 3.18 所示。

压缩机负荷控制可采用流量控制实现，有时也可采用压缩机出口压力控制实现。

2. 压缩机入口压力控制系统

(1) 转速控制：采用吸入管压力控制转速来稳定压缩机入口压力，如图 3.19 所示。

(2) 旁路控制：采用旁路控制压缩机入口缓冲罐压力，如图 3.20 所示。

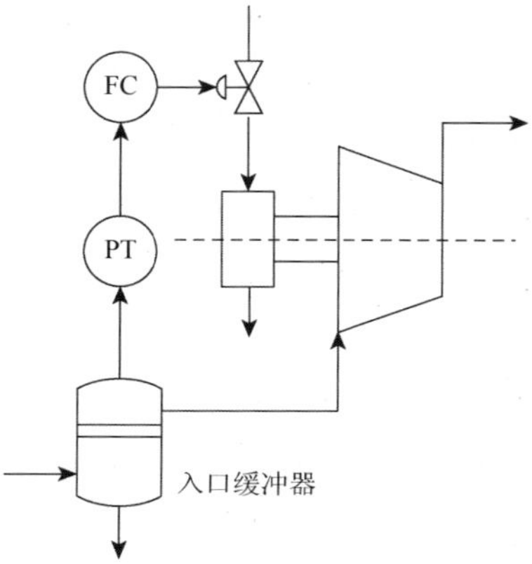

图 3.19　吸入管压力控制转速方案

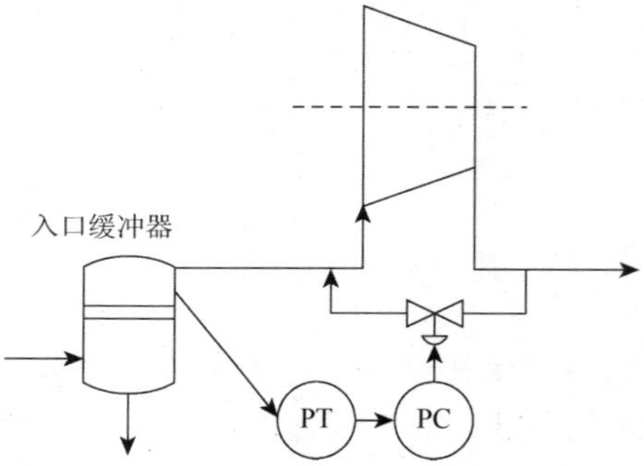

图 3.20　旁路控制入口压力方案

(3) 选择性控制：即入口压力与出口流量的选择性控制，如图 3.21 所示。为使

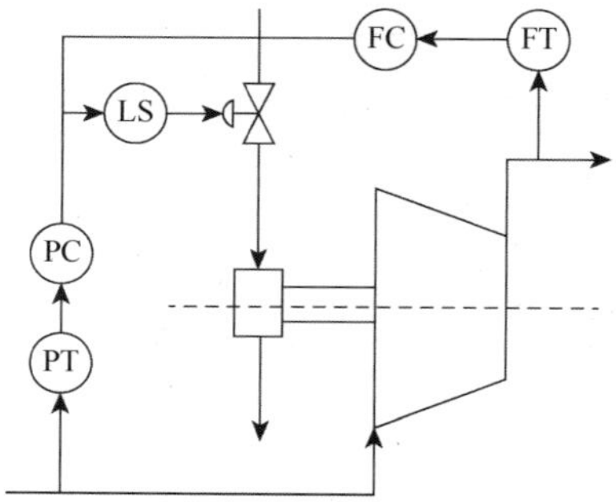

图 3.21　入口压力与出口流量的选择性控制方案

前后工段负降均衡，防止气量过大，造成真空，把压缩机入口压力和流量结合在一起构成选择性控制系统。正常时，流量控制系统工作，如果因前面工段负荷降低，而造成入口压力下降，通过选择器自动切换，把气量减下来，以确保入口压力不至于过低。

(4) 导叶控制：调节导向叶片角度控制流量，如图 3.22 所示。

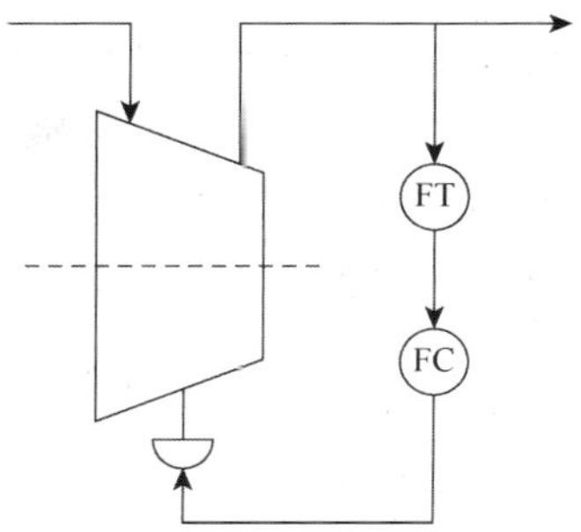

图 3.22　控制导向叶片角度方案

3. 压缩机出口压力控制系统

压缩机出口压力是压缩机重要指标之一，它涉及压缩比，与转速直接关联。图 3.23 是一个合成氨压缩机的出口压力控制系统。压缩机出口压力作为转速的控制信号，而且加大缓冲罐的容积，可延缓压力波动的速度。另外，为防止压缩机排气压力增加太高，在缓冲罐和压缩机入口间增加了回流装置。

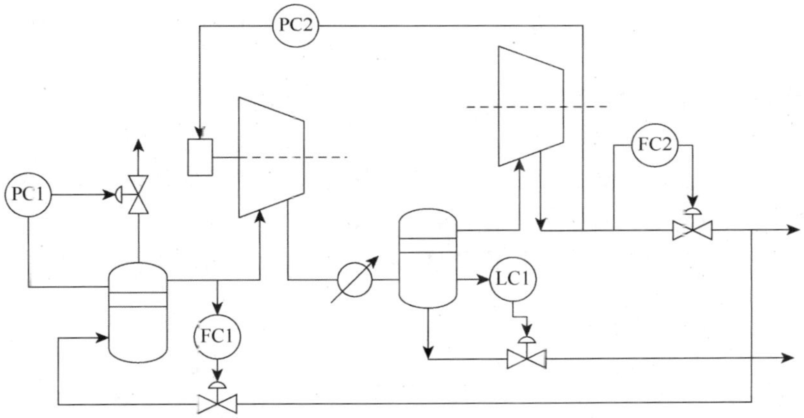

图 3.23　压缩机出口压力控制系统

4. 离心式压缩机的其他控制

经压缩后气体温度升高，为保证下一段的压缩效率，进压缩机下一段前要把气体冷却到规定温度，为此需设置温度控制系统。为防止吸入压缩机的气体带液，造成叶轮损坏，压缩机各段吸入口均设置冷凝液分离罐，为防止液位过高，造成气体带液，需设置分离罐液位控制系统或高液位报警系统。

大型压缩机组一般均设置密封油、润滑油和调速油三个油系统，为此需设置各油系统的油箱液位、油冷却器后油温、油压等检测和控制系统。

由于压缩机转速较高，转子的振动或轴位移超量时会造成严重设备事故，因此大型压缩机组设置轴位移和振动的测量探头及报警连锁系统，用于转子振动和轴位移的检测、报警和连锁。

3.5 变 频 调 速

大部分的流体输送机械原动机都采用三相交流异步电动机，改变电动机的转速就同时改变了流体的输送量，所以可通过调速来调节流量。对于三相交流异步电动机而言，变频调速是调速性能最好的一种调速方式。变频调速具有调速范围大、转速稳定性好、效率高、实现连续调节无级调速的优点。

根据电机学原理，三相交流异步电动机转速为

$$n = 60f(1-s)/p \tag{3.6}$$

式中：n 为电动机转速；f 为电源频率；s 为电机转差率；p 为电机级对数。

由上述公式可以看出，改变异步电动机电源的频率，从而改变异步电动机的同步转速，异步电动机的转速就随之得到改变，变频调速系统主要设备是提供变频电源的变频器。

变频器可以分为交-直-交和交-交两大类，主要由整流、滤波、逆变、制动单元、驱动单元、检测单元、微处理单元等组成。交-直-交变压变频器先将工频交流电源通过整流器转换成直流，再通过逆变器变换成可控频率和电压的交流电源。具体的整流和逆变电路种类很多，当前应用最广的是由二极管组成全控整流器和由功率开关器件组成的脉宽调制逆变器，简称 PWM 变压变频器。基本内部构成如图 3.24 所示。

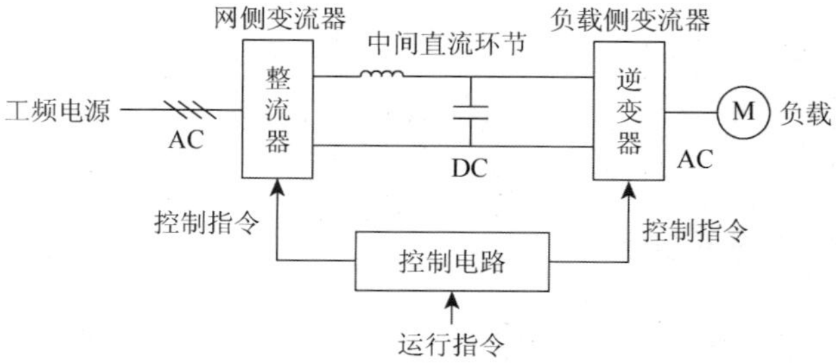

图 3.24 变频器内部构成

在风机、泵类负载中，变频器被广泛运用，如图 3.25 是一变频恒压供水系统框图。

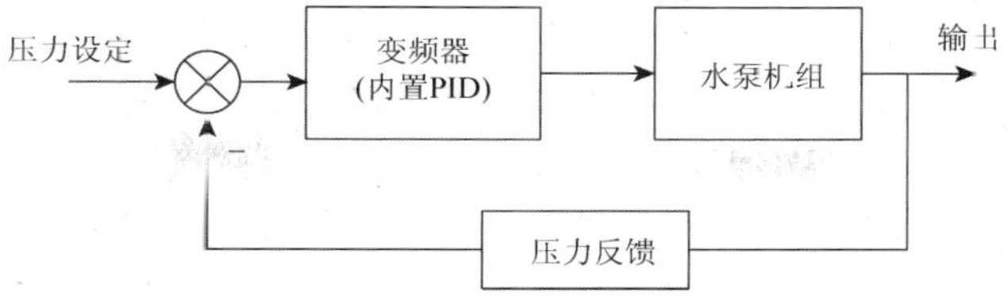

图 3.25　变频恒压供水系统

利用变频器实现调速运行，在风机和泵类负载的节能效果最为显著。根据空气动力学原理可知，当风机转速发生变化时，其运行效率变化不大，其流量与转速的一次方成正比，压力与转速的平方成正比，轴功率与转速的三次方成正比。当风机转速降低后，其轴功率随转速的三次方降低。驱动风机所需的电功率也可相应降低，所以变频调速是风机节能的重要途径。采用变频调速后可以实现对风机电机转速的线性调节，通过改变电动机转速使负压、风量等指标符合生产的需要。

因为风机属于恒功率负载，其理想的能耗曲线如图 3.26 所示，其中曲线 *A* 为调节风门时的能耗曲线，曲线 *B* 为调节转速时的能耗曲线。由图可知，当风量为 0.7Q 时，通过调速的方法来调节风量，消耗的电功率为 0.34P，而直接用风门调节风量所耗功率则为 0.94P。可见节能效果十分明显。

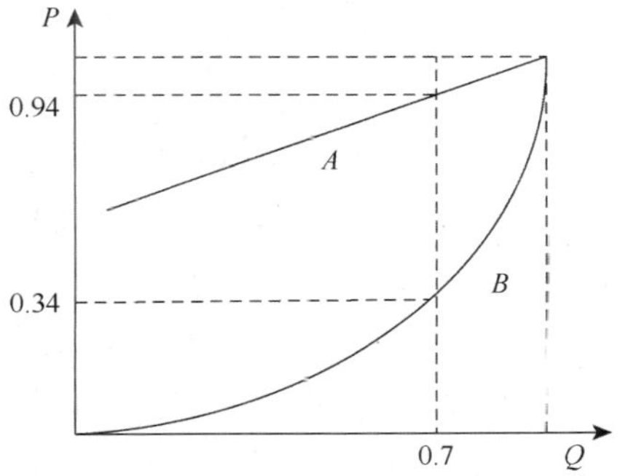

图 3.26　风机变频调速节能曲线

与控制阀比较，变频调速器具有不与工艺介质接触、节能、无腐蚀、无冲蚀等优点，由于电机消耗的功率与转速的立方成比例，即流量较小，电机转速较低，消耗功率大幅下降，也就越节能。

与控制阀调节流量的不同点在于：变频调速调节流量时，转速增大，流量增加，压头也增大；而控制阀调节流量时，控制阀开度增大，流量增大，但压头减小。

3.6　离心式压缩机的防喘振控制

3.6.1　离心式压缩机的喘振

离心式压缩机又称透平压缩机，其工作原理与离心鼓风机相同，离心式压缩机之所以能产生高压强，除级数较多外，更主要的是采用高转速。与往复式压缩机相比，离心式压缩机具有体积小、质量轻、运转平稳、操作可靠、调节容易、维修方便、流量大而均匀、压缩气体可不受油污染等优点。其缺点是制造精度要求高，当流量偏离额定值时，效率较低。另外，离心式压缩机的控制过程中有一个特殊问题，就是“喘振”现象。

图 3.27 是离心式压缩机的特性曲线，反映的是压缩机的出口与入口绝对压力之比 p_2/p_1 与进口体积流量 Q 之间的关系。图中 n 是离心机的转速，且 $n_1 < n_2 < n_3$，对应于不同转速的曲线都有一个最高点。此点之右，降低压缩比 p_2/p_1 会使流量增大，即 $\Delta Q/\Delta(p_2/p_1)$为负值，在这种情况下，压缩机有自衡能力，表现在因干扰作用出口管网的压力下降时，压缩机能自发地增大排出量，提高压力建立新的平衡。最高点的左边，降低压缩比，反而流量减少，即 $\Delta Q/\Delta(p_2/p_1)$为正值，这样的对象是不稳定的，这时如果因干扰作用出口管网的压力下降，压缩机不但不增加输出流量，反而减少排出量，致使管网压力进一步下降。因此，离心式压缩机特性曲线的最高点是压缩机能否稳定操作的分界点。图中，连接最高点的虚线是一条表征压缩机能否稳定操作的极限曲线，在虚线的右侧为正常运行区，在虚线的左侧为不稳定区，即阴影区域。

对于离心式压缩机，若由于压缩机的负荷减少，即流量减少，工作点进入不稳定区，将会出现喘振。图 3.28 为喘振示意图，图中 Q_B 是在固定转速 n 的条件下对应于最大压缩比 $(p_2/p_1)_B$ 的体积流量，它是压缩机能否正常操作的极限流量。设压缩机的工作点原处于正常运行区的 A 点，由于负荷减少，工作点将沿着曲线 $A—B—C$ 方向移动，在点 B 处压缩机达到最大压缩比。若继续减少负荷，则工作点将落到不稳定区，此时出口压力减少，但与压缩机相连的管路系统在此瞬间的压力不会突变，管网压力反而高于压缩机出口压力，于是发生气体倒流现象，工作点迅速下降到点 C。

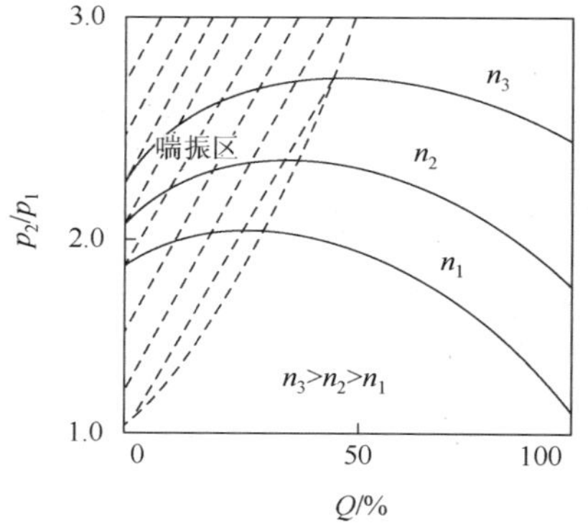

图 3.27　离心式压缩机的特性曲线

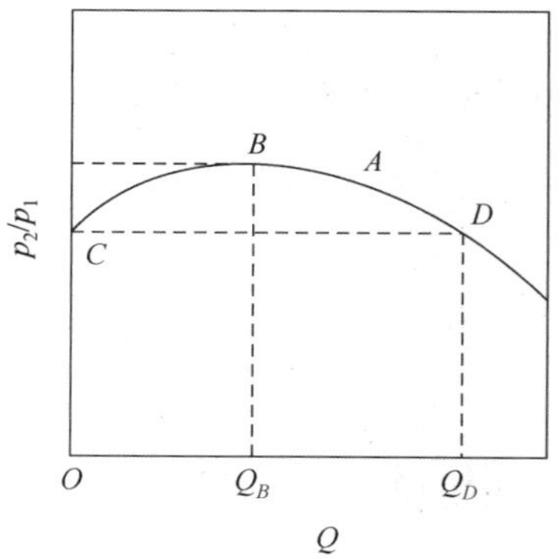

图 3.28　喘振现象示意图

由于压缩机在继续运转，当压缩机出口压力达到管路系统压力后，又开始向管路系统输送气体，于是压缩机的工作点由点 C 突变到点 D，但此时的流量 $Q_D > Q_B$，超过了工艺要求的负荷量，系统压力被迫升高，工作点又将沿着 $D—A—B$ 曲线下降到点 C。压缩机工作点这种反复迅速突变的过程好像工作点在飞动，所以产生的这种现象又称压缩机的飞动。喘振是由于气体由压缩机忽进忽出，转子受到交变负荷，机身发生振动并波及相连的管线，表现在流量计和压力表的指针大幅摆动。如果与机身相连接的管网容量较小并严密，则可听见周期性的如同哮喘患者喘气的噪声。如果管网容量较大，喘振时会发生周期性间断的响声，并使止逆阀发出撞击声，它使压缩机及所连的管网系统和设备发生强烈的振动，甚至破坏设备。

喘振是离心式压缩机所固有的特性，每一台离心式压缩机都有其一定的喘振区域。负荷减少是离心式压缩机产生喘振的主要原因。此外，被输送气体的吸入状态，如温度、压力等的变化，也是使压缩机产生喘振的因素。一般而言，吸入气体的温度或压力越低，压缩机越容易进入喘振区。

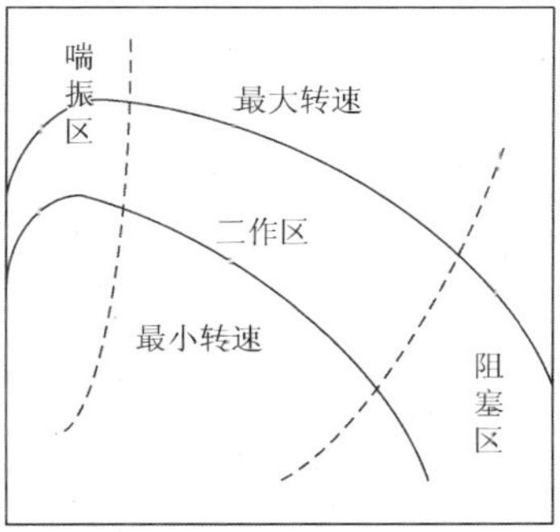

图 3.29　离心式压缩机的工作区

压缩机流量过小会发生喘振，流量过大时会发生阻塞。阻塞时，气体流速接近或达到音速(315m/s)，压缩机叶轮对气体所做的功全部用于克服流动损失，使气体压力不再升高，这种现象称为阻塞现象。离心式压缩机的工作区、喘振区与阻塞区如图 3.29 所示，图中也给出了压缩机的最小和最大转速。

3.6.2　离心式压缩机防喘振控制方法

从上面的分析可知，离心式压缩机产生喘振现象的主要原因是负荷降低，排气量小于极限值 Q_B，只要使压缩机的吸气量大于或等于该工况下的极限排气量即可防止喘振。防止离心式压缩机喘振的控制方案有两种：固定极限流量(最小流量)法和可变极限流量法。

1. 固定极限流量防喘振控制

一定转速下的离心式压缩机都有一个进入喘振区的极限流量 Q_B，为安全起见，规定一个压缩机吸入流量的最小值 Q_p 且有 $Q_p > Q_B$。如果能够使压缩机入口流量总是不小于该临界流量 Q_p，则能保证离心式压缩机不发生喘振。

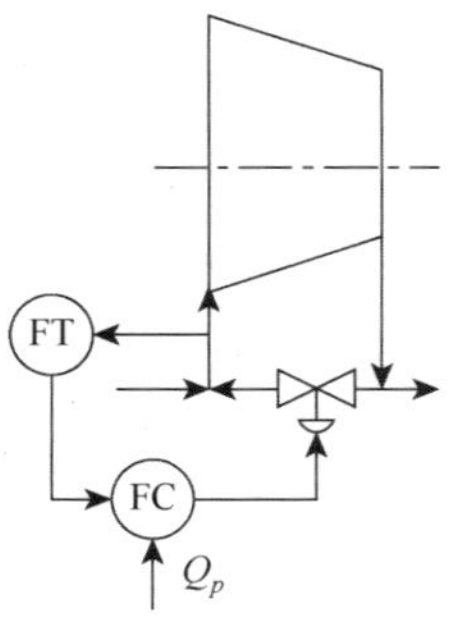

图 3.30　固定极限流量防喘振控制

固定极限流量防喘振控制的目的就是，当负荷变化时，始终保证压缩机的入口流量不低于 Q_p 。图 3.30 所示为固定极限流量防喘振控制系统的原理图，测量点设置在压缩机的吸入管线上，流量控制器的给定为 Q_p ，控制方案是当入口流量小于该临界流量 Q_p 时，打开旁路控制阀，使出口的部分气体返回入口，使入口流量大于 Q_p 为止。固定极限流量防喘振控制与流体输送控制中旁路控制方案的区别见表 3.1。

表 3.1　防喘振控制与旁路控制的区别

项目	旁路流量控制	固定极限流量防喘振控制
检测点位置	来自管网或送管网的流量	压缩机的入口流量
控制方法	控制出口流量，流量过大时开旁路阀	控制入口流量，流量过小时开旁路阀

固定极限流量防喘振控制具有结构简单、系统可靠性高、投资少等优点，但当转速较低时，流量的安全余量较大，能量浪费较大。该方法适用于固定转速的离心式压缩机防喘振控制。

2. 可变极限流量防喘振控制

该控制方案根据不同的转速，采用不同的喘振点流量(考虑安全余量)作为控制依据。由于极限流量(喘振点流量)变化，因此称为可变极限流量防喘振控制。可变极限流量防喘振控制系统是根据模型计算设定值的控制系统，特征见表 3.2。

表 3.2　可变极限流量防喘振控制特征

正常时阀的开度	正常时，控制阀有一定开度	正常时，控制阀关闭
积分饱和	正常时，偏差不会长期存在，无积分饱和	偏差长期存在，存在积分饱和问题

离心式压缩机可能发生的运行区域如图 3.29 所示，也可用模型描述为

$$\frac{p_2}{p_1} = a + b\frac{Q_1^2}{\theta} \tag{3.7}$$

式中：Q_1 为入口流量；θ 为入口端热力学温度；a 、b 为系数，由压缩机参数确定。

如果 $\frac{p_2}{p_1} < a + b\frac{Q_1^2}{\theta}$，则说明流量大于喘振点处的流量，工况安全；如果 $\frac{p_2}{p_1} > a + b\frac{Q_1^2}{\theta}$，则说明流量小于喘振点处的流量，工况处于危险状态。

入口流量可采用差压法测量，有

$$Q_1 = K_1\sqrt{\frac{p_d}{\gamma_1}} = K_1\sqrt{\frac{p_d ZR\theta}{p_1 M}} \tag{3.8}$$

式中：K_1、Z、R、M 分别为流量常数、压缩系数、摩尔气体常量和相对分子质量；p_d 为入口流量对应的压差。

因此，可得到喘振模型：

$$p_d \geqslant \frac{n}{bK_1^2}(p_2 - ap_1) \tag{3.9}$$

式中：$n = \frac{M}{ZR}$，当被压缩介质确定后，该项是常数；当节流装置确定后，K_1 确定；a 和 b 为与压缩机有关的系数，当压缩机确定后，它们也就确定了。

式(3.9)表明，当入口节流装置测量得到的压差大于上述计算值时，压缩机处于安全运行状态，旁路阀关闭。反之，当压差小于该计算值时，应打开旁路控制阀，增加入口流量。上述计算值被用于作为防喘振控制器的设定值，因此，称为根据模型计算设定值的控制系统。图 3.31 所示为极限流量防喘振控制系统图。

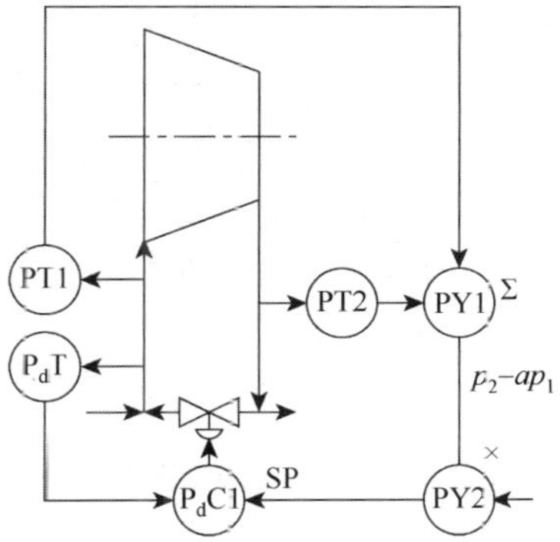

图 3.31　极限流量防喘振控制

图 3.31 中，PY1 是加法器，完成 $p_2 - ap_1$ 的运算，PY2 是乘法器，完成 $(p_2 - ap_1)$ 与 $\frac{n}{bK_1^2}$ 的相乘运算，其输出作为防喘振控制器 P_dC1 的设定值。PT1 和 PT2 是压力变送器，测量离心式压缩机的入口和出口压力，P_dT 是入口流量测量用的差压变送器，其输出作为防喘振控制器 P_dC1 的测量值。

可变极限控制系统是随动控制系统。测量值是入口节流装置测得的压差值 p_d，设定值是根据喘振模型计算得到的 $\frac{n}{bK_1^2}(p_2 - ap_1)$，当测量值大于设定值时，表示入口流量大于极限流量，因此，旁路阀关闭；当测量值小于设定值，则打开旁路阀，保证压缩机入口流量大于极限流量，从而防止压缩机喘振的发生。

实施该控制方案时注意事项如下：

(1) 可考虑多种方案，如将 $\frac{p_d}{(p_2-ap_1)}$ 作为测量值，$\frac{n}{bK_1^2}$ 作为设定值；或将 $\frac{p_d}{p_1}$ 作为测量值，将 $\frac{n}{bK_1^2}\left(\frac{p_2}{p_1}-a\right)$ 作为设定值等。

(2) 根据压缩机的特性，有时可简化计算，如有些压缩机的 $a=0$ 或 $a=1$ 等，这时，模型可简化为

$$p_d \geqslant \frac{n}{bK_1^2}p_2 \qquad (a=0) \tag{3.10}$$

$$p_d \geqslant \frac{n}{bK_1^2}(p_2-p_1) \qquad (a=1) \tag{3.11}$$

(3) 可变极限流量防喘振控制系统是随动控制系统，为了使离心式压缩机发生喘振前及时打开旁路阀，控制阀流量特性宜采用线性特性或快开特性，控制器比例度宜较小，当采用积分控制作用时，由于控制器的偏差长期存在，应考虑防积分饱和问题。

(4) 采用常规仪表实施离心式压缩机防喘振控制系统时，应考虑所用仪表的量程，进行相应的转换和设置仪表系数；采用计算机或 DCS 实施时，可直接根据计算式计算设定值，并能自动转换为标准信号。

(5) 为了使防喘振控制系统即时动作，在采用启动仪表时，应缩短连接到控制阀的信号传输线，必要时可设置继动器或放大器，对信号进行放大。

(6) 防喘振控制阀两端有较高压差，不平衡力大，并在开启时造成噪声、汽蚀等，为此，防喘振控制阀应选消除不平衡力影响、噪声及具有快开慢关特性的控制阀。

3. 测量出口流量的可变极限流量防喘振控制

有些应用场合，如压缩机入口压力较低，压缩比又较大时，在压缩机入口安装节流装置造成的压降可能使压缩机为达到所需出口压力而增加压缩机的级数，使投资成本提高。这时，为防止喘振的发生，可将测量流量的节流装置安装在出口管线，组成可变极限流量防喘振的控制系统。该控制系统是基于同一压缩机出口的质量流量应等于入口的质量流量，采用与入口流量可变极限防喘振控制系统相同的喘振模型。推导如下：

$$G_1=\gamma_1 Q_1=G_2=\gamma_2 Q_2 \tag{3.12}$$

式中：下标 1 表示入口参数、2 表示出口参数；γ 为气体的密度；Q 为气体体积

流量；G 为气体的质量流量。

设节流装置的 $K_1=K_2$。因 $\gamma_1=\dfrac{p_1M}{ZR\theta_1}$，则有

$$Q_1\gamma_1=K_1\gamma_1\sqrt{\frac{p_{1d}}{\gamma_1}}=K_1\gamma_1\sqrt{\frac{p_{1d}ZR\theta_1}{p_1M}}=K_1\sqrt{\frac{p_{1d}p_1M}{ZR\theta_1}}=K_2\sqrt{\frac{p_{2d}p_2M}{ZR\theta_2}}=Q_2\gamma_2$$

化简得

$$\frac{p_{2d}p_2\theta_1}{p_1\theta_2}=p_{1d}\geqslant\frac{n}{bK_1^2}(p_2-ap_1)$$

或改写为

$$p_{2d}\geqslant\frac{n}{bK_1^2}\frac{p_1\theta_2}{p_2\theta_1}(p_2-ap_1)\tag{3.13}$$

根据式(3.13)可组成图 3.32 所示的防喘振控制的变形控制系统。

当压缩比很大，即 $p_2>>ap_1$ 时，可忽略后者 ap_1，即 $a\approx0$。式(3.13)可简化为

$$p_{2d}\geqslant\frac{n}{bK_1^2}\frac{\theta_2}{\theta_1}p_1\tag{3.14}$$

通常，压缩机的出口和入口温度之比是恒值 K，此时，防喘振控制系统设定值的计算公式可简化为

$$p_{2d}\geqslant\frac{n}{bK_1^2}Kp_1\tag{3.15}$$

根据简化公式组成的防喘振控制系统如图 3.33 所示。

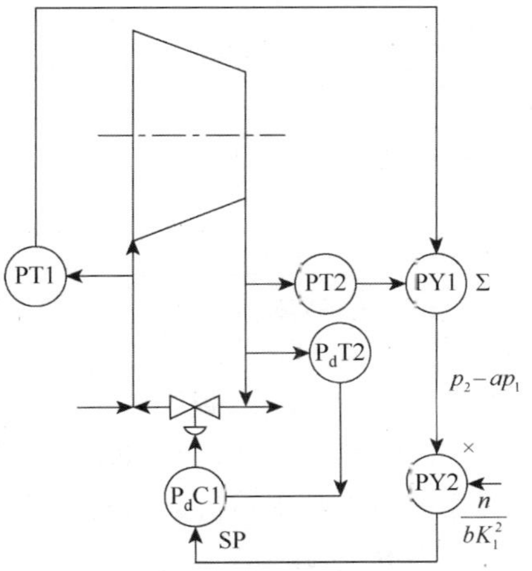

图 3.32　可变极限流量防喘振控制

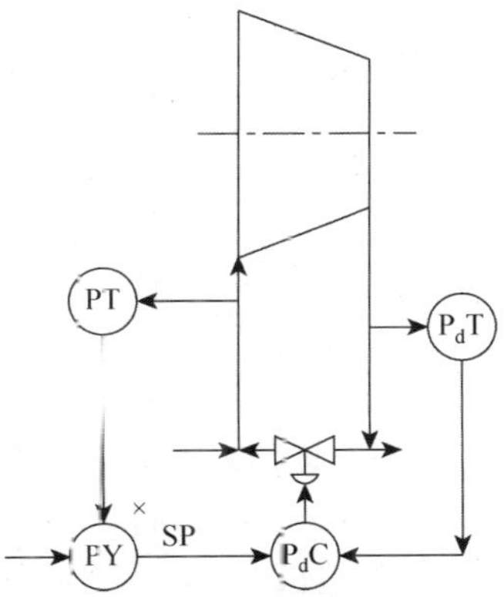

图 3.33　简化可变极限流量防喘振控制

3.6.3　离心式压缩机串/并联时的防喘振控制

离心式压缩机可以串联或并联运行，但这将增加运行操作的复杂性，使能量消耗增大，因此并不推荐使用，仅当工艺压力或流量不能满足要求时采用。这时，串/并联运行的防喘振控制系统要比单台压缩机的防喘振控制系统复杂，操作系统需协调。

1. 离心式压缩机串联运行时的防喘振控制

当一台离心式压缩机的出口压力不能满足生产要求时，需要两台或两台以上的离心式压缩机串联运行，串联运行压缩机与多级压缩相似。图 3.34 所示为离心式压缩机串联运行时采用的一种可变极限流量防喘振控制的控制方案。

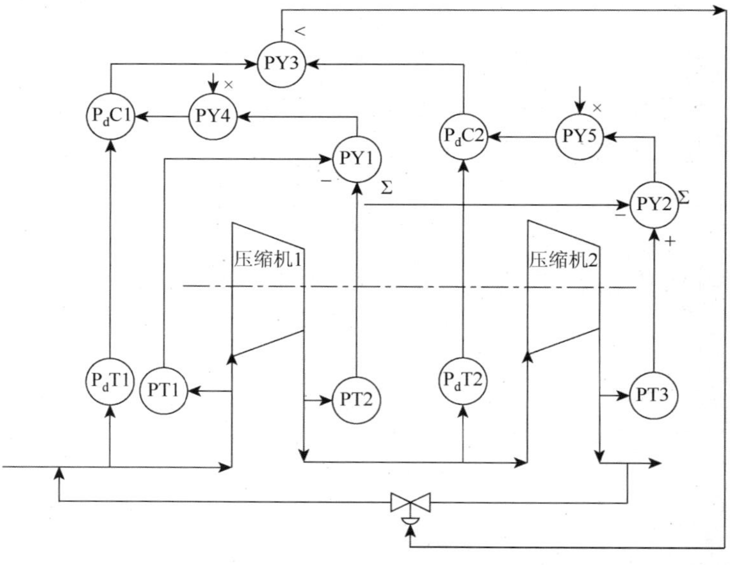

图 3.34　压缩机串联可变极限流量防喘振控制

图中，PY1、PY2 是加法器，PY3 是低选器，PY4、PY5 是乘法器，PT1、PT2 和 PT3 是压力变送器，P_dT1、P_dT2 是测量流量的压差变送器，P_dC1、P_dC2 是防喘振控制器。与单台压缩机的防喘振控制相同，对压缩机 1 和压缩机 2 都采用可变极限防喘振控制，将计算出的极限值作为防喘振控制器的设定值，为了减少旁路阀，增加了一台低选器，只要其中任一台压缩机将出现喘振，都通过低选器，使旁路阀打开。防喘振控制器选用正作用，旁路控制阀选用气关型。图中未画出的控制器积分外反馈信号引自低选器输出，与选择性控制系统防积分饱和时的连接相同。

使用时注意：离心式压缩机的串联运行只适用于低压力的压缩机，对高压力压缩机，考虑机体的速度，不宜采用串联运行；为保证系统的稳定运行，后级压缩机的稳定工况宜大于前级。

2. 离心式压缩机并联运行时的防喘振控制

当一台压缩机的打气量不能满足工艺要求时，需要两台或两台以上离心式压缩机并联运行。如果并联运行的压缩机特性不一致，就会影响负荷的分配，并影响防喘振控制系统的正常运行。压缩机并联运行的防喘振控制有两种方案。一种方案是每台压缩机设置各自的防喘振控制系统，这时，任一台压缩机都能单独运行，并且可能前后启动运行，但仪表设备、工艺管线的投资较大，不常采用。另一种方案是采用低选器和选择开关，只用一个防喘振的旁路控制阀，如图 3.35 所示。

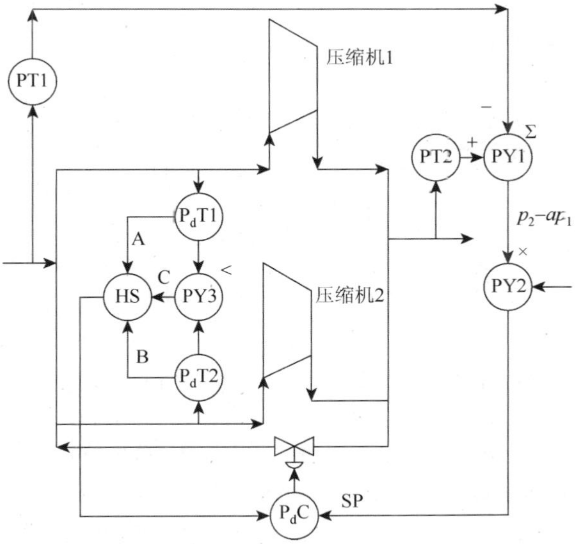

图 3.35　压缩机并联可变极限流量选择性防喘振控制

图中，PT1、PT2 是入口和出口的压力变送器，P_dT1、P_dT2 是压缩机 1 和压缩机 2 的入口流量测量用差压变送器，PY1、PY2、PY3 分别是加法器、乘法器和低选器，P_dC 是防喘振控制器。HS 是手动开关，有三个切换位置：当切换到 A 时，组成压缩机 1 的防喘振控制；当切换到 B 时，组成压缩机 2 的防喘振控制；当切换到 C 时，防喘振控制器的测量信号是两个压缩机入口流量的低值，即低选器的输出，因此，用于两个压缩机并联运行时的防喘振控制。防喘振控制的设定值计算采用加法器和乘法器实现。实施时注意：两个压缩机的特性应一致；不能实现两台压缩机前后启动运行；为使单台压缩机独立启动，需设置各自的手动旁路阀。

3.6.4　压缩机防喘控制实例分析

1. 二氧化碳压缩机的防喘振控制

图 3.36 所示为一台二氧化碳离心式压缩机防喘振控制系统的控制方案。压缩机分低压段和高压段两级，由蒸汽透平带动。由于供应的二氧化碳流量不稳定，工艺允许过量时可放空，不足时应减负荷。正常时，生产负荷由蒸汽透平的转速调节。

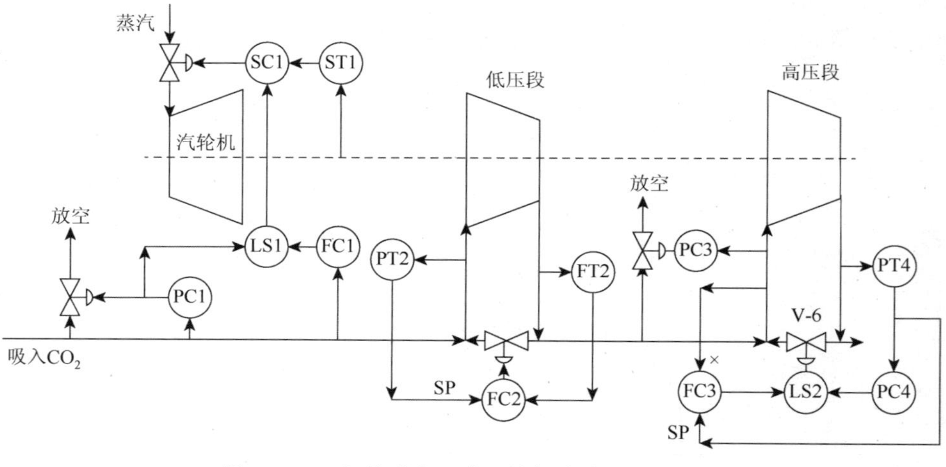

图 3.36　二氧化碳离心式压缩机防喘振控制方案

图中，LS1、LS2 为低选器，ST1 和 SC1 是转速变送器和转速控制器。二氧化碳离心式压缩机的控制系统由下列控制系统组成。

(1) 压力 PC1 控制系统：正常工况下，供应的二氧化碳量大于需求量，压缩机入口压力高，因此设置入口压力定值控制系统，当压力过高时，将二氧化碳放空。

(2) 压力 PC1 与流量 FC1 组成选择性控制系统：与蒸汽汽轮机转速组成串级控制系统，当 CO_2 供应不足时，应选择流量取代压力控制系统。正常时，入口压力 p_1 和转速 s 组成串级控制系统；当压力低时，由流量 F_1 控制器 FC1 代替压力控制器 PC1，由流量 F_1 和转速 s 组成串级控制系统。放空阀选用气关型，蒸汽控制阀选用气开型；转速控制器 SC1 选正作用，流量控制器 FC1 和压力控制器 PC1 选反作用。

(3) 高压段入口压力放空控制系统：当高压段入口压力过高时，打开放空阀，PC3 压力控制器选反作用，放空阀选气关型。

(4) 高压段出口压力 PC4 与高压段入口流量 FC3 组成的选择性控制系统：当高压段出口压力过高时，部分出口气体回流到入口，因此，压力控制器 PC4 选反作用，流量控制器 FC3 选正作用，旁路控制阀选气关型。

(5) 低压段的防喘振控制系统：低压段采用出口流量 F_2 组成可变极限流量的简化控制方案（$a=0$）。防喘振控制方程为

$$p_{2d} \geqslant \frac{n}{bK_1^2} Kp_1 = C_1 p_1 \tag{3.16}$$

式中：p_1 为低压段入口压力，由 PT2 压力变送器检测。

(6) 高压段的防喘振控制系统：高压段采用入口流量 F_3 组成可变极限流量的简化控制方案（$a=0$）。防喘振控制方程为

$$p_{2d} \geqslant \frac{n}{bK_1^2} p_2 = C_2 p_2 \tag{3.17}$$

式中：p_2 为高压段出口压力，由 PT4 压力变送器检测。

2. 催化气压缩机的防喘振控制

图 3.37 所示为催化气压缩机防喘振控制系统，催化气压缩机由蒸汽透平带动，通过选入蒸汽透平汽量的调节，改变转速，调整生产负荷，整个控制系统由以下两部分组成。

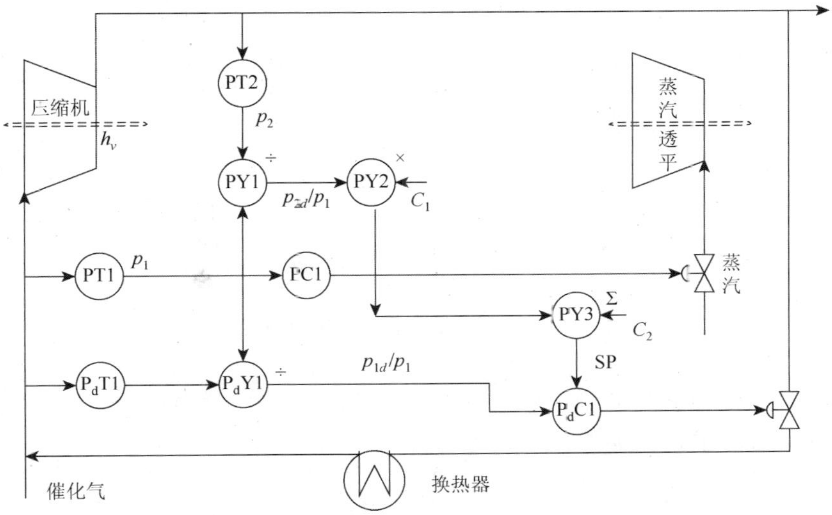

图 3.37　催化气压缩机防喘振控制

(1) 入口压力 p_1 的设定控制系统：通过入口压力的定值控制系统保证生产负荷的稳定。

(2) 防喘振控制系统：采用入口流量的压差 p_{1d} 组成防喘振控制，与上述防喘振控制系统的区别是采用了式(3.13)的变形方程。

根据式(3.9)，两边除以入口压力 p_1，得到

$$\frac{p_{1d}}{p_1} \geqslant \frac{n}{bK_1^2}\frac{p_2}{p_1} - a\frac{n}{bK_1^2} = C_1\frac{p_2}{p_1} - C_2 \tag{3.18}$$

图中，PT1、PT2 分别是压缩机入口压力 p_1 和出口压力 p_2 变送器，P_dT1、P_dC1 是入口流量测量的差压变送器和防喘振控制器，P_dY1、PY1 是除法器，用于除以入口压力 p_1，PY2 是乘法器，PY3 是加法器，PC1 是入口压力控制器。该控制方案可直接获得压缩比数值 p_2/p_1，由于采用压缩机入口压力的定值控制系统，因此，测量回路中虽然有非线性特性的除法器，但因除数信号为定值，故不影响防喘振控制回路的特性，防喘振控制器的测量是该除法器的输出 p_{1d}/p_1。该控制系统是 $a \neq 0$ 的防喘振控制系统。

3. 空气压缩机的防喘振控制

图 3.38 所示为空气压缩机的防喘振控制系统。空气不需要旁路回流，因此已压缩的部分空气直接放空。空气压缩机的生产负荷通过入口导向叶片的角度调整。

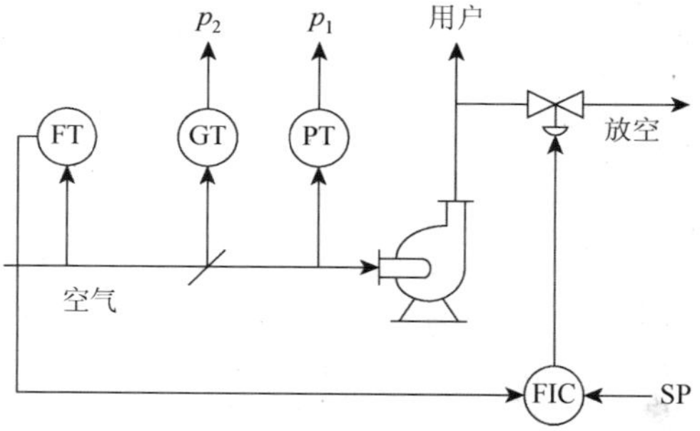

图 3.38 空气压缩机的防喘振控制系统

防喘振控制器 FIC 的测量值来自入口流量 FT，设定值根据防喘振方程计算。用回归方法建立的防喘振方程为

$$\mathrm{SP} = C_4\sqrt{C_1p_1 - C_2p_2 + C_3} \tag{3.19}$$

式中：C_1、C_2、C_3 为压缩机喘振系数；C_4 为量程转化系数；p_1 和 p_2 分别为入口压

力变送器 PT、导向叶片角度变送器 GT 的标准信号。由于入口流量信号未采用压差信号，而采用流量信号，因此，设定值计算公式有开方运算。

为增强系统对防喘振控制的功能，在计算机系统和集散控制(DCS)中还设置了接近喘振的连锁系统。当某些原因造成空压机运行接近喘振区时能够通过连锁系统自动打开放空阀。

第 4 章　传热设备的控制

过程工业中经常需要传热操作，目的通常是加热、冷却、换热和保温，同时热能的合理利用对降低成本和环境保护有重要意义。工业生产过程中，用于进行热量交换的设备称为传热设备。对传热的要求可分为两种情况，一是强化传热，要求传热速率快，传热效果好；另一种是削弱传热，要求传热速率慢，以减少热量的损失。热量传递有三种基本方式，即热传导、热对流和热辐射。传热可依靠其中一种或几种方式进行，不管以何种方式传热，净的热量总是由高温处向低温处传递。

为将冷流体加热或热流体冷却，必须用另一种流体提供或者取走热量，此流体称为载热体。起加热作用的载热体称为加热剂，起冷却作用的称为冷却剂。工业上常用的加热剂有热水、饱和水蒸气、矿物油、联苯混合物、熔盐和烟道气等。常用的冷却剂有水、空气、液氨等。

4.1　工业换热器的类型

用于交换热量的设备称为换热器，它是化工、石油、动力、食品及其他许多工业过程的通用设备，可作为加热器、冷却器、冷凝器、蒸发器和再沸器等。根据其作用原理的不同，通常可分为以下几种。

1) 间壁式换热器

又称表面式换热器或间接式换热器。工作时，需要进行热量交换的两流体被固体壁面分开，互不接触，热量由热流体通过壁面传给冷流体。工业上应用最为广泛，常用的有夹套式换热器、沉浸式蛇管换热器、喷淋式换热器、套管式换热器、管壳式换热器等。

2) 直接接触式换热器

又称混合式换热器，工作时两种流体直接接触，相互混合进行换热。由于冷、热流体直接接触，这种传热方式必伴有传质过程同时发生。该类换热器适用于两流体允许混合的场合，如凉水塔、洗涤塔、喷射冷凝器等。

3) 蓄热式换热器

又称回流式换热器或蓄热器，工作时借助热容量较大的固体蓄热体，将热量由热流体传给冷流体。热、冷流体交替进入换热器，热流体将热量储存在蓄热体中，然后由冷流体取走，如此周而复始，冷、热流体交替流过壁面，从而达到换热的目的。

4.2　传热基本方程

在传热过程中，热量传递的快慢用传热速率来表示。传热速率是指单位时间内通过传热面传递的热量，用Q表示，其单位为 W 。热通量(或热流密度)是指单位传热面积、单位时间内传递的热量，用q表示，其单位是W/m^2 。根据传热学理论，传热速率可表示为

$$传热速率=\frac{传热推动力（温度差）}{传热阻力（热阻）}=\frac{\Delta t}{R}$$

从上式可知，热量传递的快慢与温度差有关，或者说传热过程的推动力是温度差，而提高传热速率的关键在于减小传热阻力，即热阻。实际系统中传热过程的热阻受很多因素的影响。

实验证明，间壁式换热器的传热速率与换热器的传热面积、传热推动力成正比，可写成

$$Q=KS\Delta t_{\mathrm{m}}$$

或

$$Q=\frac{\Delta t_{\mathrm{m}}}{\dfrac{1}{KS}}=\frac{\Delta t_{\mathrm{m}}}{R}$$

故传热速率方程可写成

$$q=\frac{Q}{S}=\frac{\Delta t_{\mathrm{m}}}{\dfrac{1}{K}}=\frac{\Delta t_{\mathrm{m}}}{R'} \tag{4.1}$$

式中：Q为传热速率(W)；q为热通量(W/m^2)；K为比例系数，称为传热系数[$W/(m^2\cdot K)$]；S为传热面积(m^2)；Δt_{m}为换热器的传热推动力，或称传热平均温度差(K)；$R=1/KS$为换热器的总热阻(K/W)；$R'=1/K$为换热器单位面积上的热阻($m^2\cdot K/W$)。

对于换热器而言，传热过程的总热阻由各串联环节的热阻叠加而成，原则上减小任何环节的热阻都可提高传热系数，增大传热过程的速率。

根据载热体和冷流体流向、流程等的不同，可将换热器分为顺流、逆流、单程、多程、列管等多种类型。这里以单程、逆流、列管式换热器为例，分析传热设备的静态特性。图 4.1 所示为换热器换热原理。

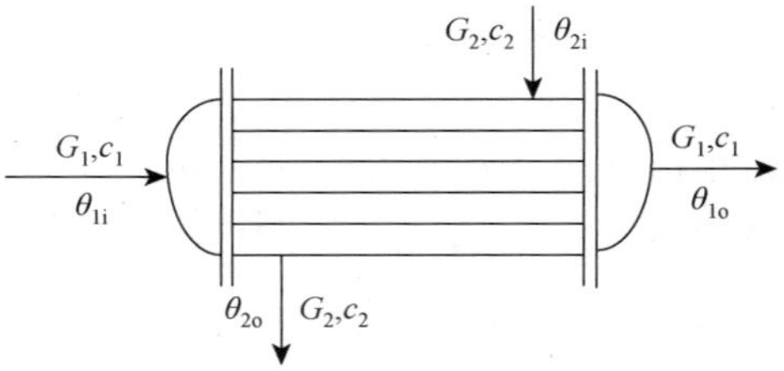

图 4.1　换热器换热原理

假设换热器的被控变量是冷流体的出口温度 θ_{1o}，操纵变量是载热体的流量 G_2，根据热量平衡关系，得到换热器静态特性的基本方程式：

$$\frac{\theta_{1o}-\theta_{1i}}{\theta_{2i}-\theta_{1i}}=\frac{1}{\dfrac{G_1c_1}{UA_m}+\dfrac{1}{2}\left(1+\dfrac{G_1c_1}{G_2c_2}\right)}+\theta_{1i} \tag{4.2}$$

上式可改写为

$$\theta_{1o}=\frac{\theta_{2i}-\theta_{1i}}{\dfrac{G_1c_1}{UA_m}+\dfrac{1}{2}\left(1+\dfrac{G_1c_1}{G_2c_2}\right)}+\theta_{1i} \tag{4.3}$$

可见，影响冷流体出口温度的扰动有冷流体流量 G_1、冷流体入口温度 θ_{1i}、冷流体平均比热容 c_1、载热体的平均比热容 c_2、载热体流量 G_2、载热体入口温度 θ_{2o}、换热器的传热总系数 U 和平均传热面积 A_m 等。当冷流体、载热体确定，换热器设备确定后，冷流体平均比热容 c_1、载热体的平均比热容 c_2、换热器的传热总系数 U 和平均传热面积 A_m 等确定。操纵变量是载热体流量 G_2，因此，主要扰动变量是冷流体流量 G_1、冷流体入口温度 θ_{1i} 和载热体入口温度 θ_{2o}。

4.3　一般换热器的控制

4.3.1　控制方案的确定

在换热器控制系统中，通常被加热或需要冷却的流体出口温度是被控变量，操纵变量是载热体或载冷体的流量。对于一个加热换热器而言，影响冷流体出口温度的扰动有三个，它们对被控变量的影响有线性特性，如冷流体入口温度和载热体入口温度；也有非线性饱和特性，如冷流体流量。操纵变量是载热体流量。

为了控制换热器的冷流体出口温度，有四种可以影响的过程变量，其中，冷流体入口温度、载热体入口温度和冷流体流量通常都是由上一工序确定，因此不可控制，但可测量。或者因通道的增益较小，不宜作为操纵变量。可操纵的过程变量只有载热体流量。根据前面章节介绍的控制方案可知，对冷流体出口温度可采用单回路控制系统，即出口温度为被控变量，载热体流量为操纵变量的单回路控制系统。

由于其他三个过程变量不可控但可测量，当它们的变化较频繁、幅值波动较大时，也可作为前馈信号引入，组成前馈-反馈控制系统。

当载热体流量或压力波动较大时，宜将载热体流量或压力作为副被控变量，组成串级控制系统。

从上述分析可知，采用载热体流量作为操纵变量时，在流量过大时，进入饱和非线性区，这时，增大载热体流量将不能很好地控制流体出口温度，而需要采用其他控制方案。

4.3.2　一般换热器的控制方法

1. 调节载热体流量

改变载热体流量，引起传热总系数和平均温度差变化，从而改变冷流体出口温度。根据载热体是否发生相变，分两种情况讨论。

1) 载热体不发生相变

根据热量衡算式和速率方程式可知，当改变载热体流量时，会引起平均温度差的变化，流量增大，平均温度差增大，因此，在传热面积足够时，系统工作在非饱和区，通过改变载热体流量可控制冷流体出口温度。

当传热面积受到限制时，通过增加载热体流量不能有效地提高出口温度，即系统工作在饱和区。这时，通过调节载热体流量的控制方案不能很好地控制出口温度，应采用其他控制方案，如下面将介绍的工艺介质分路控制方案。

考虑换热器的动态特性，由于流体在流动过程中不可避免存在时滞，例如，冷流体入口温度对出口温度的时滞就较大，而其他扰动通道也具有时间常数，为此，在控制方案的设计时应采用时滞补偿控制系统或改进工艺，减少时间常数和时滞。

当载热体压力波动不大时，可采用以冷流体出口温度为被控变量、载热体流量为操纵变量的单回路控制系统；当压力或流量波动较大时，可增加压力或流量的副环，组成以载热体压力或流量为副被控变量的串级控制系统。

图 4.2 所示为采用调节载热体流量的单回路控制系统和串级控制系统方案。当原料流量(冷流体流量)等波动较大时，可采用前馈-反馈控制系统，其前馈信号可来自冷流体流量。

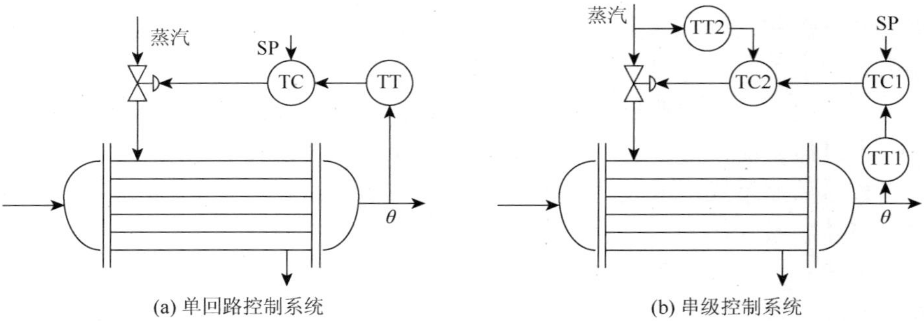

图 4.2　调节载热体流量的控制系统

2) 载热体发生相变

当载热体发生相变时，会产生放热或吸热现象。例如，蒸汽加热器中蒸汽冷凝放热，氨冷气中液氨蒸发吸收等。热量衡算式中放热、吸热与相变热有关。当传热面积足够时，如蒸汽加热器中，送入的蒸汽可以全部冷凝，并可继续冷却，这时，可通过调节载热体流量有效地改变平均温度差，控制冷流体的出口温度。

当传热面积不足时，如蒸汽加热器蒸汽的冷凝量确定出口温度，蒸汽不能全部冷凝时，气相压力升高。同样，在氨冷器中，液氨不能全部蒸发成为气相，使氨冷器液位升高。

这时，应同时考虑传热速率方程式和热量衡算式，确定冷凝量或蒸发量和相应的出口温度。因此，在传热面积不足时，如果采用调节载热体流量控制方案，应增设信号报警或连锁控制系统。例如，气压高或液位高时发出报警信号，并使连锁动作，关闭有关控制阀。当气压或液位的波动较大时，也可采用串级控制系统，如出口温度和蒸汽压力、出口温度和液位的串级控制系统等。有时，可采用选择性控制系统，即在安全软限时，将正常控制器切换到取代控制器。例如，蒸汽加热器的冷流体出口温度控制可采用出口温度和蒸汽压力的选择性控制系统，氨冷器的出口温度控制可采用该温度和液氨位的选择性控制系统等，如图 4.3 所示。同样，可根据扰动变化的频度和幅值，采用前馈-反馈控制系统。

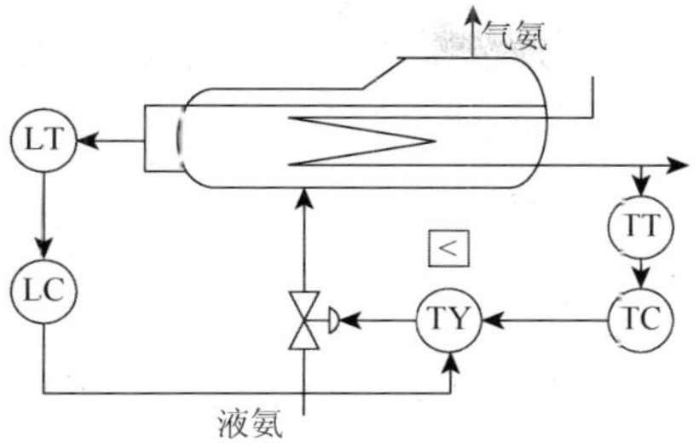

图 4.3　氨冷器的选择性控制

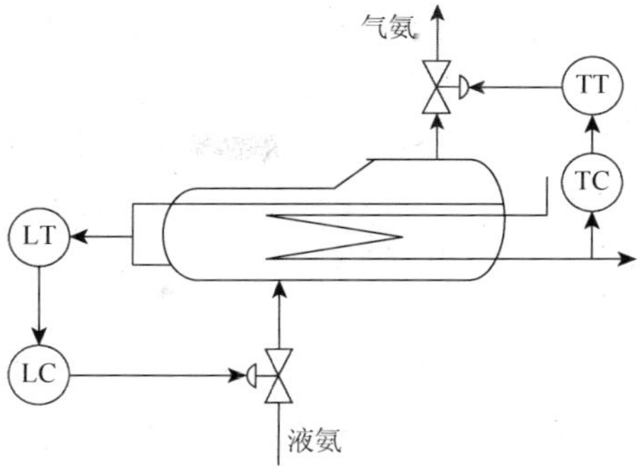

图 4.4　调节汽化温度的控制

2. 调节载热体的汽化温度

改变载热体的汽化温度，引起平均温度差 $\Delta\theta_m$ 的变化，适用于冷凝器。以图 4.4 所示的氨冷器为例，由于控制阀安装在气氨管路上，因此，当控制阀开度变化时，气相压力变化，引起汽化温度变化，使平均温度差变化，改变了传热量，出口温度随之变化。该控制系统的特点如下：

(1) 改变气相压力，系统响应快，应用较广泛。

(2) 为了保证足够蒸发空间，需要维持液氨的液位恒定，为此，需增设液位控制系统，增加设备投资费用。

(3) 由于控制阀两端有压损，为使控制阀能够有效控制出口温度，应使设备有较高的气相压力。为此，需要增大压缩机功率，并对设备耐压提出更高要求，使设备投资费用增加。

当气氨压力波动较大时，可采用气氨压力作为副环的串级控制系统。当液氨流量或压力波动较大时，可采用它们作为前馈信号，组成相应的前馈-反馈控制系统。

3. 工艺介质分路

上述控制方案在多数应用场合能发挥很好的控制作用，但仍存在以下问题：

(1) 静态特性分析表明，载热体流量 G_2 较大时，系统进入非线性饱和区，这时，增加载热体流量对出口温度的升高影响不大，控制作用减弱。

(2) 动态分析表明，相对流体输出设备，换热器是具有较大时间常数和时滞的被控对象。动态特性较差，采用改变载热体流量控制常不够及时，系统超调量较大。

为此，提出工艺介质分路控制方案。该系统的控制策略是将热流体和冷流体混合后的温度作为被控变量，热流体温度大于设定温度，冷流体温度低于设定温度，通过控制冷热流体流量的配比，使混合后的温度等于设定温度。

可采用三通控制阀直接实现，也可采用两个控制阀(其中，一个为气开型，一个为气关型)实现，三通控制阀可采用分流(安装在入口)或合流(安装在出口)方式。图 4.5 所示为相应的控制方案。

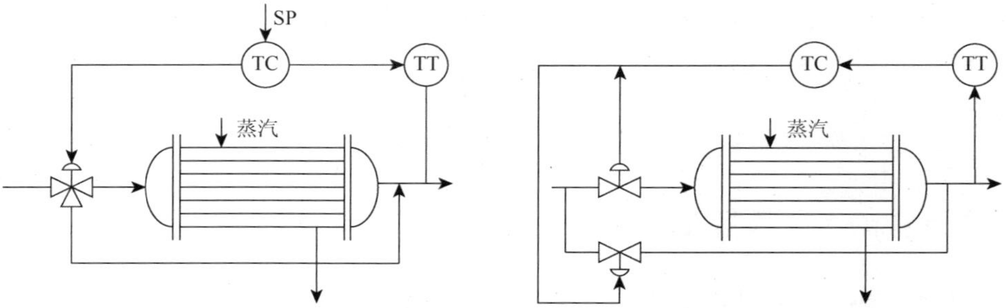

(a) 用三通控制阀分流控制　　(b) 两个阀的分流控制

图 4.5　工艺介质分流控制系统

工艺介质分流控制后，所需要的热量仍随冷流体流量的增加而增加，并进入饱和区。由于载热体流量 G_2 较大，冷流体流量 G_1 较小，它正好与载热体流量相互补偿，未进入饱和区，因此，工艺介质分流控制方案适用于载热体流量较大、冷流体流量较小的场合。通过大部分的冷流体先加热(使出口温度高于设定值)，再用旁路的冷流体混合，使混合后温度达到设定温度。

从动态特性看，控制通道时间常数很小，因此，混合后温度的响应很快。但该方案不经济。该控制方案适用于传热面积较大，有足够热量裕度的场合。通常，载热体处于全开状态。

考虑到经济性，旁路的流量通常占总流量的 10%～30%。当采用两个控制阀实施工艺介质分流控制而生产负荷的变化较频繁时，也可采用双重控制系统。增加阀位控制器，将工艺介质分流和载热体流量控制结合。

采用三通控制阀时，如果换热器的阻力较小，则为了保证一定的压降比，控制阀两端压降只能取较小数值，造成控制阀口径很大。此外，控制阀流量特性的畸变也较严重。因此，也可采用两个控制阀组成分流或合流控制。需注意，与分程控制不同，两个控制阀的输入信号都是 20～100kPa，只是一个为气开型，另一个为气关型。

利用三通阀进行分流控制的一个例子为，催化裂化装置中吸收解吸塔再沸器的载热体是余热利用，因此，采用工艺介质分流控制，即用合流控制阀实现再沸器气相出口温度的定值控制，如图 4.6 所示。

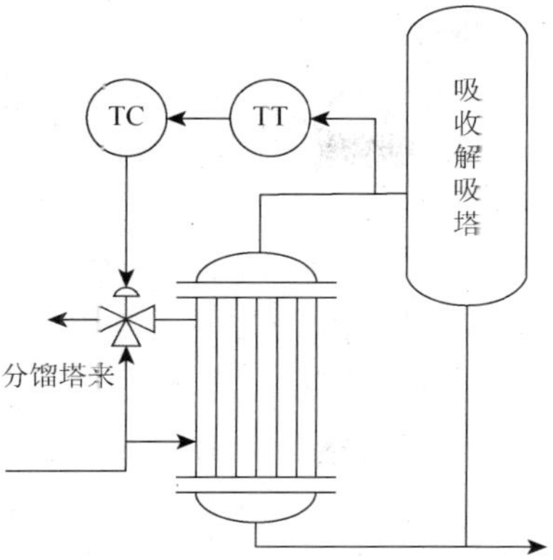

图 4.6　再沸器介质分流控制

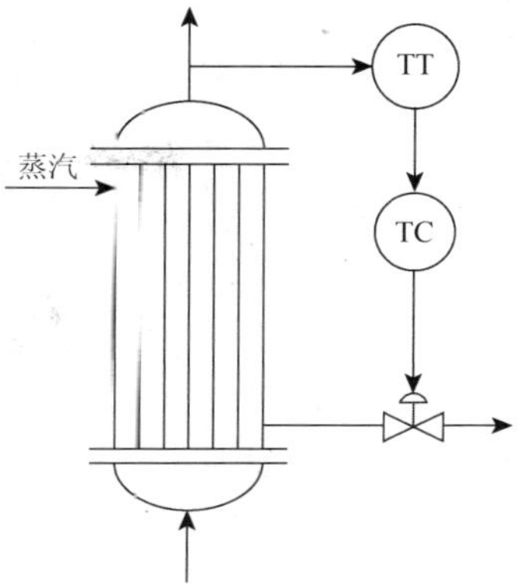

图 4.7　调节传热面积的控制方案

4. 调节传热面积

改变传热面积也能够改变传热速率，使传热的热量发生变化，达到控制出口温度的目的，多用于蒸气冷凝换热器。由于冷凝温度与压力有关，如果被加热介质温度较低，需要的热量较少，控制阀安装在蒸汽管线时，蒸汽可能冷却到沸点以下，使加热器一侧出现负压，造成冷凝系统不能正常排放，冷凝液的积蓄造成传热面积较小，传热量减小，被加热介质温度降低，通过控制系统使载热体控制阀打开，蒸汽量增加，而传热面积不大的结果是蒸汽压力升高，冷凝液在高压作用下被排出，随之传热面积又增加，传热量增大，被加热介质温度升高，控制系统又使控制阀关小，蒸汽压力下降，冷凝液积蓄，这种周而复始的过程使被加热介质温度周期振荡，冷凝液呈现脉冲式排放。为此，当传热面积较小、被加热介质温度较低时，应采用调节传热面积的控制方案。

调节传热面积的控制方案如图 4.7 所示。它将控制阀安装在冷凝液管线，由于冷凝液位以下的液体不发生相变，因此，给热系数比液位上部气相冷凝给热小，这种控制方案通过改变冷凝液位来改变传热面积，达到控制被加热介质温度的目的。

从静态看，控制阀安装在冷凝液管线，蒸汽压力得到保证，不会出现负压，不会出现冷凝液的脉冲式排放和被加热介质温度的周期波动。从动态看，从冷凝液流量的变化到液位变化，再到传热面积变化，并使被加热介质温度变化，这个被控过程具有较大的时滞。冷凝液液位变化到传热面积变化的过程是累积过程，可用积分环节描述。因此，过程动态特性较差，调节不够及时。此外，控制阀打开和关闭时过程特性不相同，阀开时传热面积变化快，阀关时传热面积变化慢，调节不够及时。此外，控制阀打开和关闭时过程特性不相同还造成过程特性的非线性，使控制器参数整定困难。因此，该控制方案的控制性能不佳。

由于传热量变化较慢，对热敏型介质，该控制方案可防止局部过热；对传热面积较大、蒸汽压力较低的应用场合，有较好的控制效果。因此，只有在必须时才采用该控制方案。此外，为防止冷凝液排空，造成排汽，可在排液控制阀后增设冷凝罐和液位控制系统。

为改善过程时间常数较大的影响，可采用串级控制系统，将部分被控对象作为副被控对象，减小整个过程时间常数。例如，由于控制阀开度变化到冷凝液液位变化的过程具有一定的时间滞后，为此，将液位作为副被控变量，可组成温度和液位的串级控制系统。如图 4.8 所示，实施时需要注意设置液位上限报警系统，防止液位过高造成蒸发空间的不足。为克服蒸汽压力或流量波动对温度控制的影响，可将蒸汽压力或流量作为前馈信号，组成温度和蒸汽压力或流量的前馈-反馈控制系统。

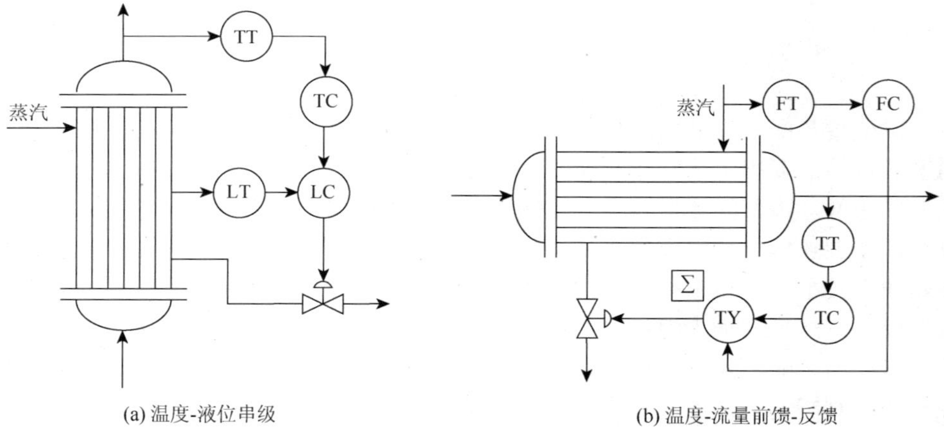

图 4.8　调节传热面积复杂控制

从上面的分析可知，传热设备是分布参数系统，可近似用具有时滞的多容过程描述。在实施控制方案时，应注意下列事项。

(1) 被控变量是温度，因此对检测变送环节的要求是尽量减小检测变送环节造成的时滞和减小时间常数。为此，可采用快响应检测元件。

(2) 操纵变量是流量，被控过程具有较大时间常数和时滞，具有非线性饱和特性，因此控制阀宜选用等百分比流量特性。

(3) 控制器的控制规律可选用比例和积分，积分控制作用主要用于消除余差，因此，可采用积分分离等措施。过程增益一般较小，因此选用的比例度一般较小。当时间常数较大时宜添加微分控制，改善过程动态控制性能。

(4) 控制方案以单回路控制为主，根据扰动变化的频度、幅度等，可采用串级、前馈-反馈控制，必要时可使用选择性控制系统。

4.4　复杂控制系统的应用

如前所述，传热设备的控制以单回路控制为主，但当控制性能不能满足时，可根据过程扰动分析，设置复杂控制系统或先进控制系统。本节介绍传热设备的前馈-反馈控制、基于模型计算的控制和选择性控制等。

4.4.1　前馈-反馈控制

传热设备控制中，当扰动的波动较大、频繁变化、幅度较大，扰动不可控但可测，控制要求又较高时，宜将该主要扰动作为前馈信号，组成前馈-反馈控制系统，一般不采用单纯的前馈控制系统。

前馈控制可分为静态前馈和动态前馈。静态前馈从稳态考虑，即稳态扰动信号对被控变量的影响得以消除。动态前馈控制规律通常采用超前-滞后环节实施。由于传热设备过程是具有时滞的多容过程，控制通道和扰动通道时间常数比较接近，因此，传热设备的前馈控制规律通常采用静态前馈控制规律。

图 4.9 是酮苯脱蜡过程的前馈-反馈控制系统，是酮苯塔进料温度的前馈-反馈控制系统。

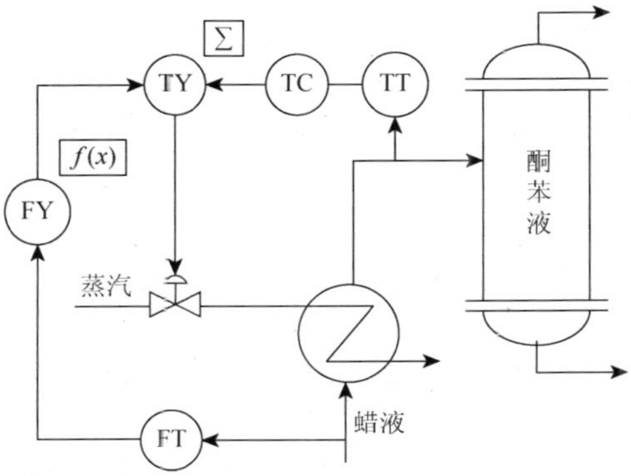

图 4.9　酮苯脱蜡进料温度的前馈-反馈控制

酮苯塔是回收蜡液溶剂的设备，为保证酮苯塔进料温度稳定，工艺要求控制在(95±2)℃，进料蜡液经换热器升温，采用进料温度单回路控制系统，温度波动范围达±(4～10)℃，不能满足工艺操纵要求。经分析，主要扰动是进料蜡液量，为此采用进料量作为前馈信号，组成如图 4.9 所示的前馈-反馈控制系统。因实际测试结果中，控制通道和扰动通道时间常数和时滞接近，因此，采用静态前馈。

控制系统投运后，当进料量变化 37%时，酮苯塔进料温度仍能稳定在所需设定值，改善了控制性能，满足了工艺操纵要求。

在图 4.10 铜液氨冷器出口温度控制系统中，实现了铜液氨冷器出口温度的前馈-反馈控制系统。

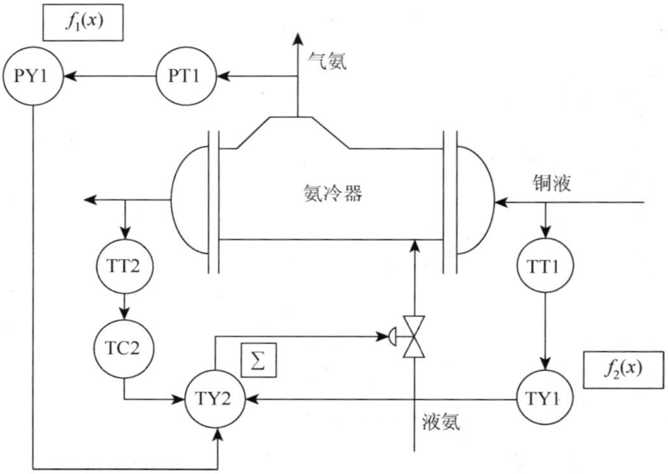

图 4.10　铜液氨冷器出口温度控制

铜液氨冷器用液氨冷却铜液，使铜液出口温度控制在(10±1.5)℃。原采用铜液出口温度的单回路控制系统，在工艺操纵平稳时尚可满足操纵要求，一旦工况变化较大，就不能满足工艺要求，有时被迫改用手动操纵。经分析，扰动主要来自铜液入口温度的波动和气氨压力的波动。经测试，控制通道时间常数为 5min，铜液入口温度扰动通道时间常数为 1min，气氨压力扰动通道时间常数为 5min。将这两个扰动信号作为前馈信号，因气氨压力通道与控制通道的时间常数相等，所以采用静态前馈控制，用比值器 K_1 实施，而铜液进出温度扰动通道时间常数与控制通道时间常数不同，故采用动态前馈控制，用超前-滞后环节 $K_2\dfrac{s+1}{5s+1}$ 实施。前馈-反馈控制系统投运后，在入口温度变化 40℃，气氨压力从 180kPa 变化到 270kPa，系统仍能保证出口温度在所需控制范围，满足了工艺操纵要求。

图 4.10 中，TC2 是反馈控制器，PY1 和 TY1 分别是气氨压力和入口温度的前馈控制器。PT1 和 TT1 是压力和温度变送器，TY2 是加法器，采用前馈信号和反馈信号相加方式，有两个前馈信号。PY1 用比值器，TY1 用比值器和微分单元组成超前滞后环节。

4.4.2　基于模型计算的控制

热量的计算可采用热焓或热量，当传热模型已知时，可采用基于模型计算的控制。

1. 热量控制

某些生产过程，需要控制的被控变量是热量，而不是温度。因缺乏直接检测热量的仪表，需要通过热量衡算式的数学模型计算热量，并进行热量控制。

在计算热量时，应考虑流体是否发生相变，并采用相应的热量衡算式。在一定的温度和压力下，相变热是定值，若温度或压力不是恒定值，相变热是温度和压力的函数，可用回归方法求得。

饱和液体和蒸汽的相变热可采用下列回归公式计算：

$$\gamma = c_0\left[\frac{(c_1-\theta)}{c_2}\right]^{c_3} \tag{4.4}$$

$$\gamma = a_0 + a_1\theta + a_1\theta^2 \tag{4.5}$$

$$\gamma = b_0 + b_1 p + b_2 p^2 \tag{4.6}$$

式中：θ、p 分别为温度和压力，其他系数是经回归得到的系数。过热蒸汽的相变热可采用如下回归公式计算。

$$\gamma = (A_0 + A_1 p + A_2 p^2) + (B_0 + B_1 p + B_2 p^2)\theta + (C_0 + C_1 p + C_2 p^2)\theta^2 \tag{4.7}$$

因此，对于有相变的过程，热量计算只需要测量相关的温度、压力后，根据上述模型计算出相变热，再计算热量。对于没有相变的过程，只需测量入口、出口温度、比热容和流量就可计算出热量。

示例：精馏塔再沸器的热量控制。

丙烯丙烷精馏塔再沸器载热体来自前工序废热利用，原采用加热流量定值控制系统，控制效果不佳。分析表明，是由于热量不稳造成精馏塔操纵不稳定，为此，采用如图 4.11 所示的热量控制系统。图中，TT1、TT2 检测入口和出口温度；TY 是加法器，用于计算温度差；FT 检测载热体流量；QY 是乘法器，用于计算热量；FC 是流量控制器；QC 是热量控制器，组成热量与流量的串级控制系统。系统投运后，精馏塔的操纵平稳。

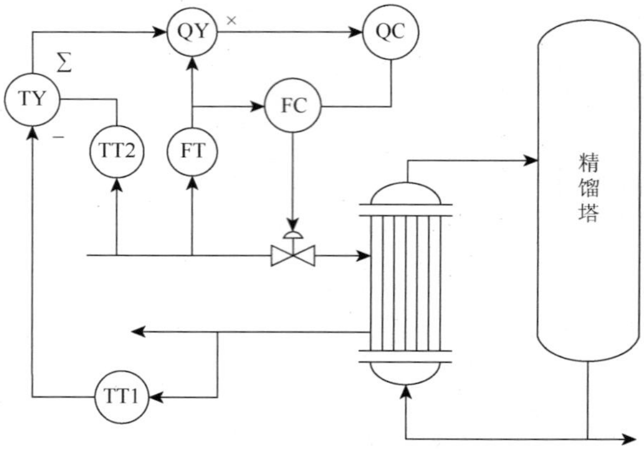

图 4.11 热量控制示例

2. 热焓控制

热焓是单位质量物料所积存的热量。热焓控制是保持某物料热焓为定值或按所需规律变化的控制。

精馏塔进料量或温度变化时，精馏塔操作不稳定。单一气相或液相进料时，温度与热量之间有一一对应关系，因此，采用进料温度作为热量的间接指标对温度进行控制。对于两相进料或有相变时，虽然温度恒定，但具有的热量却相差很大。液相汽化率越大，热焓越大，但温度不变，这时，温度与热焓之间没有一一对应的关系。更合理的控制方法是进料热焓控制。

热焓计算以单位质量的进料量为基础。它通过热量衡算式经计算间接获得。由于载热体的状态不同，因此，热焓计算方程式也不同。从载热体看，有以下三种情况：

(1) 载热体进入传热设备之前和之后都为气相。

(2) 载热体进入传热设备之前和之后都为液相。

(3) 载热体进入传热设备之前为气相，通过设备后完全被冷凝为液相。

下面举例说明精馏塔进料热焓控制系统。

根据热量衡算关系，得到

$$Fh_f - F_{cf}\theta = F_s\left[c_s(\theta_i - \theta_o) + \lambda\right] \tag{4.8}$$

或改写为

$$h_f = c_f\theta + \frac{F_s}{F}\left[c_s(\theta_i - \theta_o) + \lambda\right] \tag{4.9}$$

式中：F 为进料质量流量；F_s 为载热体质量流量；h_f 为单位质量进料带入的热焓；θ 为蒸汽加热器的进料温度； θ_i 和 θ_o 分别为载热体进、出加热器的温度；c_f 和

c_s 分别为进料和载热体的比热容；λ 为载热体的冷凝热。组成如图 4.12 所示的热焓控制系统。

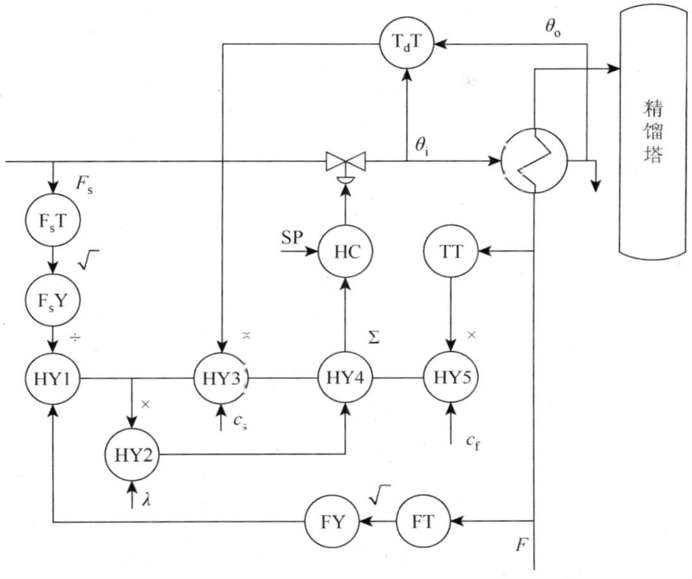

图 4.12　进料热焓控制系统

图 4.12 中，F_sT 和 FT 是载热体和进料流量测量的差压变送器，F_sY 和 FY 是相应的开方器，其输出是流量数据。HY1 是除法器，计算 F_s/F；HY2 是乘法器，计算 F_s/F 与 λ 之积；HY3 是乘法器，计算 $\frac{F_s}{F}c_s(\theta_i-\theta_o)$，其中，载热体进出加热器的温度差由温差变送器 T_dT 检测；HY5 是乘法器，计算 $c_f\theta$；HY4 是加法器，计算热焓控制器的测量值；HC 是热焓控制器，其设定值根据操纵要求可内部给定或由外部其他控制系统设定。

4.4.3　选择性控制

随着生产过程的大型化和自动化的发展，对生产过程的安全操纵提出了更高要求，即尽量减小开停车，减少不必要的停车等。选择性控制是为解决安全运行提出的控制方案。

传热设备控制中，当载热体有相变，而传热面积可能不足时，调节载热体流量会发生蒸汽不能全部蒸发的现象，使气相带液，造成后续工序的事故，为此，除可增设信号报警和连锁控制系统外，也可采用选择性控制系统，即超驰控制系统。

示例：氨冷器温度和液位的选择性控制系统。

氨冷器根据被冷却物料出口温度控制进入的液氨量。液氨在氨冷器内蒸发吸热，当液位过高时，液氨的蒸发空间减小，蒸发量减少使温度升高，造成气氨中夹带大量液滴，使后续设备(如压缩机)损坏。因此，设计如图 4.13 所示温度和液位选择性控制系统。

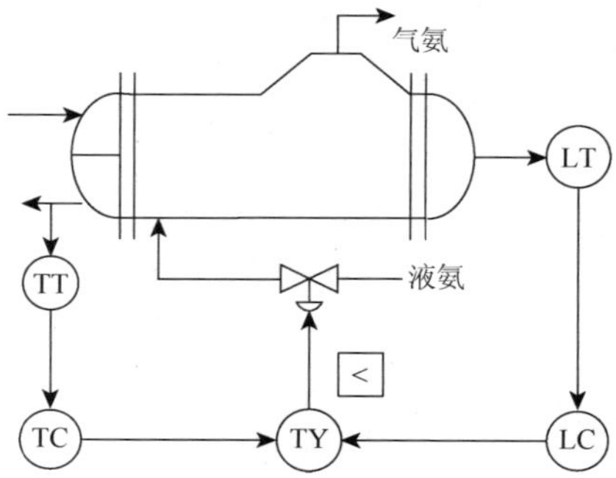

图 4.13　氨冷器的选择性控制系统

正常工况下，如图 4.13 所示温度升高，温度控制器输出控制液氨流量。增加液氨量，经液氨的蒸发，出口温度下降。如果液位上升到软限液位设定仍不能降低温度，由液位控制器取代温度控制器，根据液位控制进氨量，保护了后续工况，一旦温度下降，温度控制器输出与液位控制器输出相等，继续下降时，温度控制器就自动取代液位控制器，工艺操纵复位到正常工况。

示例：脱甲烷塔塔釜液流量和温度的选择性控制系统。

裂解气压缩机五段出口裂解气经水冷、丙烯冷却及脱甲烷塔塔釜液的三级冷却换热后，裂解气温度从 88℃降低到 15℃，出口温度受到塔釜液流量的影响。由于温度过低会生成水合物，堵塞管路，此外，为保证脱甲烷塔的正常运行，要求脱甲烷塔塔釜液保持恒定。为此，设计如图 4.14 所示脱甲烷塔塔釜液流量和温度的选择性控制系统。正常工况下，由流量控制器控制流量，保证脱甲烷塔的正常操纵，一旦裂解气出口温度过低，则由温度控制器取代流量控制器，控制塔釜液流量。

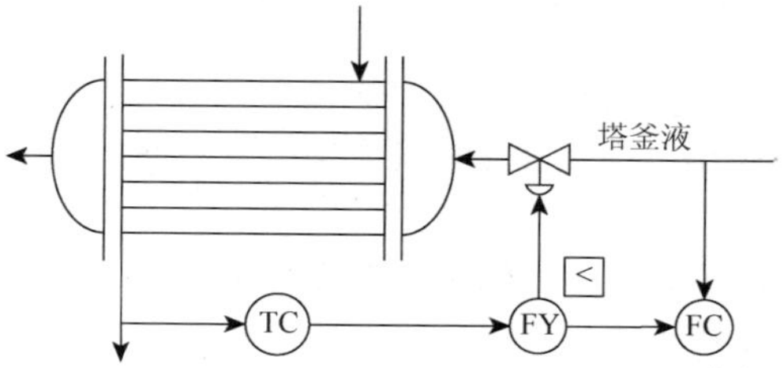

图 4.14　脱甲烷塔塔釜液流量-温度选择性控制

4.5　蒸发器的控制

4.5.1　蒸发器概述

蒸发是用加热的方法使溶液中部分溶剂汽化并除去，提高溶液中溶质浓度或使溶质析出的操纵。蒸发器向液体提供蒸发所需要的热量，促使液体沸腾汽化，同时提供较大空间使气液两相完全分离，因此蒸发器常有加热室和蒸发室，并保持热能不断供应和汽化蒸汽不断排除。

通常，蒸发器使用饱和水蒸气作为加热源，称为加热汽或生蒸汽。被蒸发溶液大多为水溶液，从溶液中蒸发汽化出来的蒸发汽亦即水蒸气，称为二次蒸汽。及时排除二次蒸汽，可降低蒸发器内压力，有利于蒸发。二次蒸汽用于另一蒸发器的加热，能充分利用热能。通常采用多效蒸发，逐步蒸浓。

蒸发器的控制指标是最终产品的浓度。产品浓度作为被控变量组成的一些控制回路称为主控制回路；为了使蒸发过程正常进行，对扰动变量在进入蒸发器前先期控制，组成的一些控制回路称为辅助控制回路。

影响被控变量的扰动较多，包括蒸发器内压力、进料溶液浓度、流量、温度、加热蒸汽压力、温度和流量、蒸发器液位、冷凝液和不凝物排放等。

蒸发器通常在减压或真空条件下进行，蒸发器内真空度低，对产品质量和颜色等有影响，真空度高有利于溶液沸腾汽化、提高传热系数、节省蒸汽、提高产品浓度。

在相同加热蒸汽量和操纵条件下，进料浓度增大，产品浓度也增大；进料温度影响加热蒸汽量；进料溶液流量增大，产品浓度下降，并使液位升高。加热蒸汽流量大，供给的热量大，蒸发量增大，影响正常操纵，并造成过热，影响产品质量；加热蒸汽压力小，不易蒸发，传热系数下降；压力大，产生大量二次蒸汽，同样造成传热系数下降。因此，蒸汽压力应予以控制。

除升降膜式蒸发器外，液位应维持一定高度，以保证蒸发操纵正常进行。液位波动大，破坏气液平衡和物料平衡，影响产品质量。液位与蒸发面积有关，过高和过低都不利于蒸发操纵。冷凝液和不凝物排放十分重要，冷凝液的过快排放易造成带汽排放，浪费蒸汽，不及时排放影响蒸汽的冷凝。不凝物气体会再次形成绝缘气膜，降低传热系数，应定期排放。

4.5.2　蒸发器控制系统设计

图 4.15 是一单效蒸发器工作原理图。

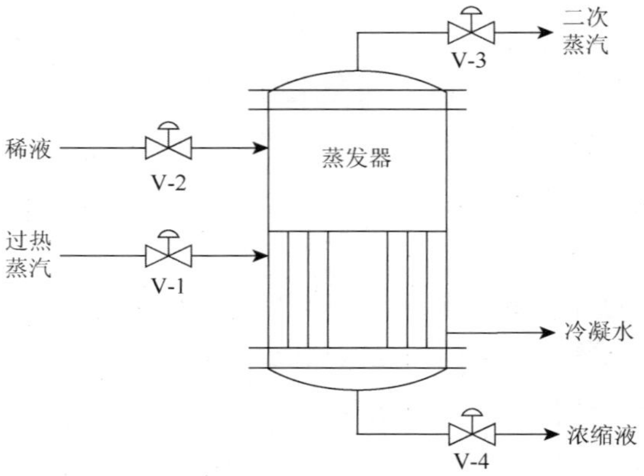

图 4.15　蒸发器工作原理图

1. 工作原理

蒸发器工作过程为，待浓缩的稀液经过控制阀 V-2 由蒸发器上部进入蒸发器内部，在蒸发器内部生成稀液液位。过热蒸汽经过控制阀 V-1 流入蒸发器，对蒸发器内部稀液进行加热，使之沸腾。稀液中的水分变成二次蒸汽经过控制阀 V-3 从蒸发器顶部排出，浓缩液经过控制阀 V-4 从蒸发器底部排出。

2. 变量分析

蒸发器工作过程涉及的变量有稀液流量、过热蒸汽流量、浓缩液流量、二次蒸汽流量、蒸发器液位、蒸发器压力、蒸发器温度。执行机构有过热蒸汽调节阀、浓液流量调节阀、稀液流量调节阀、二次蒸汽流量调节阀。

3. 控制要求

首先，满足生产指标，在浓液产品浓度达标并稳定的条件下，保证温度与液位达到指标要求，并维持在相应的波动范围内；其次，满足安全指标，蒸发器内部液位、蒸发器内部二次蒸汽压力等与系统安全相关的变量必须全程控制在安全范围内；最后，满足优化指标，保证在各项指标均达标的前提下，使能源的消耗最小。

4. 被控变量的选择

(1)浓缩液组分，这是质量指标，但是不能对组分进行直接测量，无法进行组分控制。质量指标是产品质量的直接反映，选择质量指标作为被控变量是设计控制系统时首先要考虑的。然而，在蒸发器工程中，浓缩液组分无法在线测量和分析，因此不能直接选取质量指标作为被控变量。而蒸发器温度的高低对于浓缩液组分有直接的影响，并且具有单值对应关系，因此可选取蒸发器温度作为间接质量指标进行控制。

(2) 浓缩液流量，这是产量指标，为了确保产量应该进行控制。由于管道中的流动正常时都呈现湍流状态，流量的测量容易受到噪声的干扰。

(3) 蒸发器温度、液位，这两个变量直接关系到产量质量，可选为被控变量。温度控制实质上就是对传热过程的控制，该过程在工业上往往具有多容性，并且受过热蒸汽流量及稀液流进量的影响。温度的操控变量一般是流量，如过热蒸汽流量、稀液流量等。蒸发器的液位控制应考虑蒸发操作的特点，其一蒸发式密闭容器，且要保持一定的压力或真空度；其二蒸发过程中溶液沸腾剧烈，溶液的泡沫已造成假液位。

综上分析，蒸发器温度、液位和浓缩液出口流量是常选被控变量。

5. 控制方案设计

(1) 蒸发器温度：过热蒸汽流量直接决定蒸发器温度，可以通过控制过热蒸汽流量来调节蒸发器温度。为了减少过热蒸汽流量波动对蒸发器温度的干扰，可以构成蒸发器温度-过热蒸汽流量的串级控制系统。

(2) 蒸发器液位：稀液的进料量直接影响蒸发器液位的高低，同时为避免稀液流量波动对液位的影响，可以采用蒸发器液位-稀液流量的串级控制。

(3) 浓缩液流量：流量对象响应速度快，对浓缩液流量进行单回路控制即可。蒸发器控制系统图如图 4.16 所示。

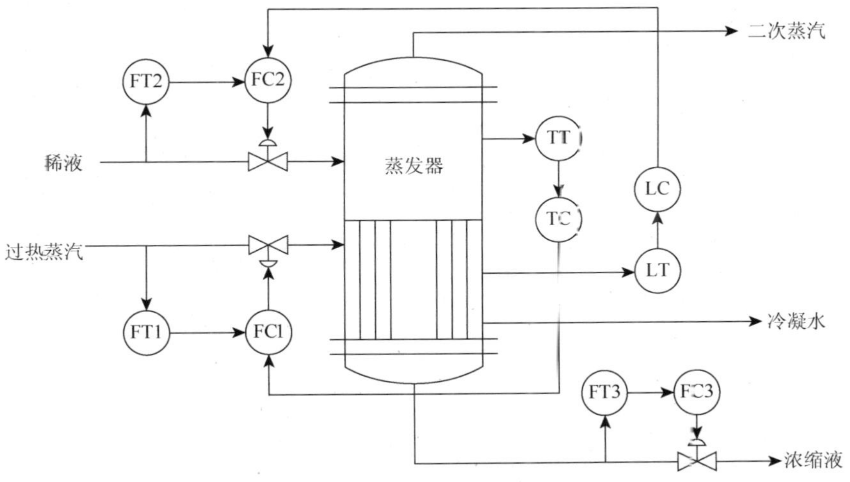

图 4.16　蒸发器控制原理图

除了上述控制方案以外，当浓缩液浓度方便测量时，可考虑以下几种控制方法：

(1)浓度-流量串级控制，即把溶液浓度调节回路与进料稀液流量调节回路组成串级调节系统。

(2)浓度-流量前馈串级控制方案，最大限度地利用过热蒸汽系统当前已有的蒸汽流量条件，可以使过热蒸汽流量调节至系统允许的最大极限值来进行溶液浓度的调节，从而使蒸发器的生产能力最大化。

(3)浓度-液位串级控制方案，即将溶液浓度调节回路与蒸发器液位调节回路构成串级系统。

另外，按物料平衡原则，根据浓液出料流量与浓度取决于稀液进料浓度，考虑利用比值控制系统确定稀液进料流量。

第 5 章　锅炉设备的控制

5.1　锅炉设备及控制要求

锅炉是工矿企业常见的动力设备，其不仅为生产过程提供热源，还可以作为蒸汽透平的动力源。随着工业生产过程规模的不断扩大，生产过程不断强化，作为全厂动力和热源的锅炉设备也向大容量、高参数、高效率方向发展。锅炉被控参数和控制参数众多且存在相互关联，实际上它是一个多变量耦合过程。为确保锅炉生产的安全操作和稳定运行，对锅炉设备的自动控制也提出了更高的要求。

按锅炉设备所使用燃料的和类、燃烧设备、炉体形式、锅炉功能和运行要求的不同，锅炉分为多种不同的类型，生产也可分为各种不同的流程。常见锅炉设备的工艺流程如图 5.1 所示。

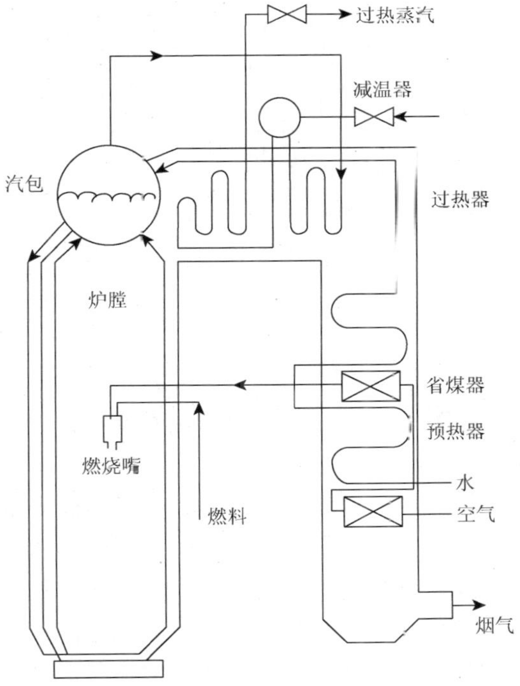

图 5.1　锅炉设备的主要工艺流程图

由图 5.1 可知，给水经给水泵、给水控制阀、省煤器进入锅炉的汽包，燃料与经预热的空气按一定配比混合，在燃料室燃料燃烧产生热量，加热锅炉内的水生成饱和蒸汽，经过热器形成过热蒸汽，汇集到蒸汽母管，后经负荷分配后供生产过程使用。燃料过程的废气可将饱和蒸汽过热，还可以经省煤器对锅炉的给水和空气预热，最后烟气经引风机送烟囱排空，实现了热量的充分利用。

根据生产负荷的不同需要，锅炉需要提供不同规格(压力和温度)的蒸汽，同时，应根据安全性和经济性的要求，使锅炉安全运行和安全燃烧。锅炉设备生产的主要控制要求如下：

(1) 供给蒸汽量适应负荷变化需要或保持给定负荷。

(2) 锅炉供给用汽设备的蒸汽压力保持在一定范围内。

(3) 过热蒸汽温度保持在一定范围内。

(4) 汽包水位保持在一定范围内。

(5) 保持锅炉燃烧的经济性和安全运行。

(6) 炉膛负荷保持在一定范围内。

影响锅炉设备控制的因素很多，并且很多都相互关联，目前工程上做了一些假设，根据上述控制要求，锅炉设备的主要控制系统见表 5.1。

表 5.1　锅炉设备的主要控制系统

控制系统	被控变量	操纵变量	控制目的
锅炉给水控制系统	锅炉汽包水位	给水流量	锅炉内生产的蒸汽和给水的物料平衡
锅炉燃烧控制系统	蒸汽压力	燃料流量	蒸汽负荷的平衡
	烟气成分	送风流量	燃烧的完全和经济性
	炉膛分压	引风流量	锅炉运行的安全性
过热蒸汽控制系统	过热蒸汽温度	喷水流量	过热蒸汽的温度和安全性

5.2　锅炉汽包水位控制

将锅炉的汽包水位控制在一个允许范围内，是锅炉运行的主要指标，也是锅炉能提供符合质量要求的蒸汽负荷的必要条件。如果汽包水位过低，则汽包内的水量较少，当蒸汽负荷很大时，水的汽化速度和水量变化速度很快，如不及时控制，可能会使汽包内的水全部汽化，导致锅炉烧坏或爆炸；相反，水位过高则会影响汽包的汽水分离，产生蒸汽带液现象，使过热器管壁结垢而损坏，同时还会使过热蒸汽温度下降损坏汽轮机叶片，影响运行的安全性与经济性。

5.2.1　锅炉汽包水位的动态特性

锅炉汽水系统如图 5.2 所示。影响汽包水位的因素有汽包(包括循环水管)中储水量和水位下气泡容积，而水位以下气泡容积与锅炉的负荷、蒸汽压力、炉膛热负荷等有关。锅炉汽包水位主要受到锅炉蒸汽量(蒸汽流量 D)和给水流量 W 的影响。

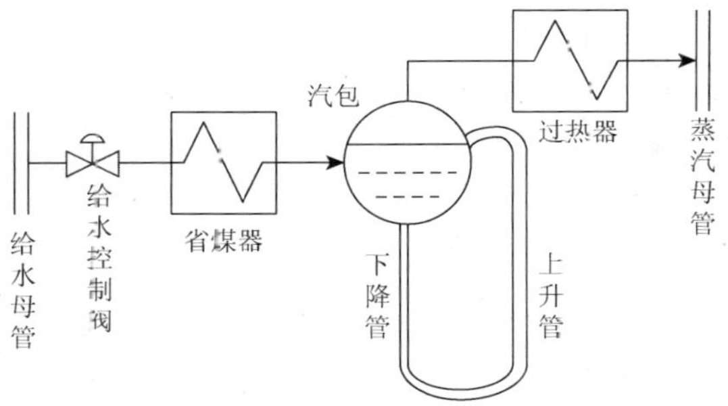

图 5.2　锅炉的汽水系统

1. 给水流量 W 对汽包水位 H 的动态特性

给水流量 W 与锅炉水位之间关系可用下列传递函数描述：

$$\frac{H(s)}{W(s)}=\frac{k_0}{s}\mathrm{e}^{-s\tau} \tag{5.1}$$

式中：k_0 为影响速度，即给水流量作单位流量变化时水位的变化速度[(mm/s)/(t/h)]；τ 为时滞(s)。

出现时滞的原因是：给水温度低于汽包内饱和水温度，当给水流量增加时，需从饱和水中吸收部分热量，因此，水位下气泡容积减小，只有当水位下气泡容积变化达到平衡后，给水量增加才与水位变化成比例增加，表现在响应曲线的初始段水位的增加比较缓慢，可用时滞特性近似描述。

根据上述，如果给水温度低，则从饱和水中吸收的热量要多些，时滞也要大些。例如，非沸腾式省煤器锅炉时滞为 30～200s。

2. 蒸汽流量 D 对汽包水位 H 的动态特性

蒸汽流量 D 作阶跃变化时，锅炉水位的响应曲线如图 5.3 所示，可用下列传递函数描述：

$$\frac{H(s)}{D(s)}=\frac{H_1(s)}{D(s)}+\frac{H_2(s)}{D(s)}=-\frac{k_f}{s}+\frac{k_2}{T_2s+1} \tag{5.2}$$

式中：k_f 为响应速度，即蒸汽流量作单位流量变化时，水位的变化速度[(mm/s)/(t/h)]；k_2 为响应曲线 H_2 的增益；T_2 为响应曲线 H_2 的时间常数。

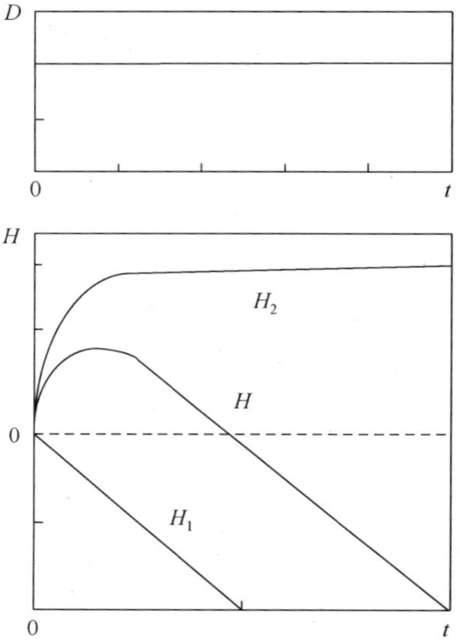

图 5.3　蒸汽流量阶跃下锅炉汽包水位的响应曲线

当蒸汽用量增加时，由于汽包中气泡容积增加，水位出现先增加的现象称为虚假水位。因为蒸汽用量增加，大于给水流量，所以最终水位应下降。这种因虚假水位造成的过程特性称为反向特性。

当蒸汽流量阶跃变化时，根据物料平衡关系，蒸汽量大于给水量，水位应下降，如图中响应曲线 H_1 所示。由于蒸汽用量增加，气泡容积的增加造成水位的变化如图中的响应曲线 H_2 所示。但是由于虚假水位的影响，实际气泡水位的响应曲线是 H_1 和 H_2 的合成，即图中的响应曲线 H。

虚假水位的变化幅度与锅炉的工作压力和蒸发量有关。例如，100～200t/h 的中高压锅炉在蒸汽负荷变化 10%时，能够引起虚假水位的变化达 30～40mm。

5.2.2　锅炉汽包水位基本控制方法

锅炉汽包水位的控制系统中，被控变量是汽包水位，操纵变量是给水流量。

主要的扰动变量有下述四个来源：

(1) 给水方面的扰动，包括给水压力、减温器控制阀开度变化等。

(2) 蒸汽用量的扰动，包括管路阻力变化和负荷控制开度变化等。

(3) 燃料量的扰动，包括燃料热量、燃料压力、含水量等。

(4) 汽包压力变化，通过汽包内部水位汽水系统在压力升高时的“自凝结”和压力降低时的“自蒸发”影响水位。

1. 单冲量水位控制系统

单冲量水位控制系统是最简单和基本的控制系统，即单回路控制系统。冲量只有一个变量，即汽包水位。锅炉汽包水位控制系统的操纵变量选用给水流量。其特点如下：

(1) 结构简单，投资少。

(2) 适用于汽包容量较大，虚假水位不严重，负荷较平稳的场合。

(3) 设置相应的水位报警和连锁控制系统可以保证设备安全运行。

单冲量水位控制系统如图 5.4 所示。根据锅炉水位动态特性分析，该过程具有虚假水位的反向特性，因此，当负荷变化较大时，会造成控制器出现错误动作，影响控制系统的控制品质。此外，当蒸汽负荷变化后，要在水位发生变化后才能改变给水量，因此控制不及时。

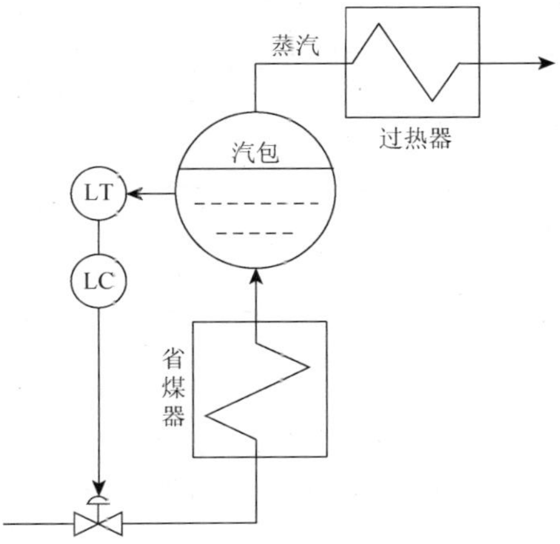

图 5.4　单冲量水位控制系统

2. 双冲量水位控制系统

考虑到蒸汽负荷的扰动可测但不可控，并且蒸汽负荷干扰设备的控制准确性，因此，将蒸汽量作为前馈信号，与汽包水位组成前馈-反馈控制系统，通常称为双冲量水位控制系统。其中，另一个冲量是蒸汽流量。双冲量水位控制系统如图 5.5 所示。图 5.5 中，FT 是蒸汽流量变送器，可以是差压变送器加开方器，或直接用流量变送器(如电磁流量计等)。FC 是前馈控制器，通常采用静态前馈，如果考虑控制通道和扰动通道之间动态特性的差异，也可采用动态前馈，引入超前馈滞后环节。LC 是水位控制器，作为反馈控制器。LY 是加法器，因为采用的是前馈与反馈相加方式。

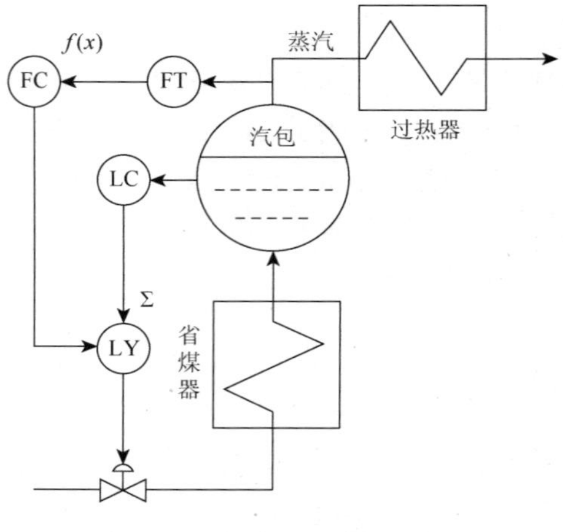

图 5.5　双冲量水位控制系统

1) 前馈控制器控制规律的确定

图 5.6 所示为双冲量水位控制系统静态时的框图。

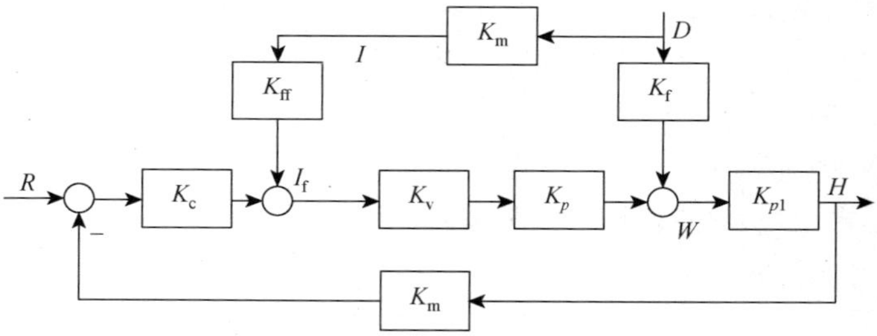

图 5.6　双冲量水位控制系统静态时的框图

根据前馈控制工作原理，静态前馈时应满足下列不变性条件：

$$K_f + K_m K_{ff} K_v K_p = 0 \tag{5.3}$$

根据物料平衡原理，可确定 K_f。由于排污损失，给水流量 W 应大于蒸汽流量 D。计算扰动通道的增益时，应采用增量，即有 $\Delta W = \alpha \Delta D$, $\alpha > 1$

$$K_f = \frac{dW}{dD} = \alpha \tag{5.4}$$

通过控制阀的流量等于给水流量，因此，$K_p=1$，根据给水流量对汽包水位动态特性的分析可知，被控对象系统稳定运行准则，控制阀流量特性选择线性特性，可用 K_v 表示。检测变送环节的增益 K_m 可按式 (5.5) 计算

$$K_{\rm m}=\frac{{\rm d}I}{{\rm d}D}=\frac{z_{\max}-z_{\min}}{D_{\max}} \tag{5.5}$$

式中：$z_{\max}-z_{\min}$ 为蒸汽流量变送器输出最大变化范围；$D_{\max}$ 为蒸汽流量变送器的量程，从零开始。

将式(5.5)代入式(5.3)，得到静态前馈控制器的可控制规律：

$$K_{\mp}=-\frac{\alpha D_{\max}}{(z_{\max}-z_{\min})K_{\rm v}} \tag{5.6}$$

前馈控制系统中的偏执信号(图 5.5 中未画出)$I_{\rm b}$ 的数值等于正常工况下蒸汽流量经前馈控制器后的输出信号 $I_{\rm f}$，符号与该信号相反。

2) 双冲量水位控制系统的变形

为了减少仪表的投资，在采用常规仪表实施双冲量水位控制系统时，也可采用图 5.7 所示的接法。由于控制器输入端具有加法功能，因此，将前馈信号在反馈控制器前加入。

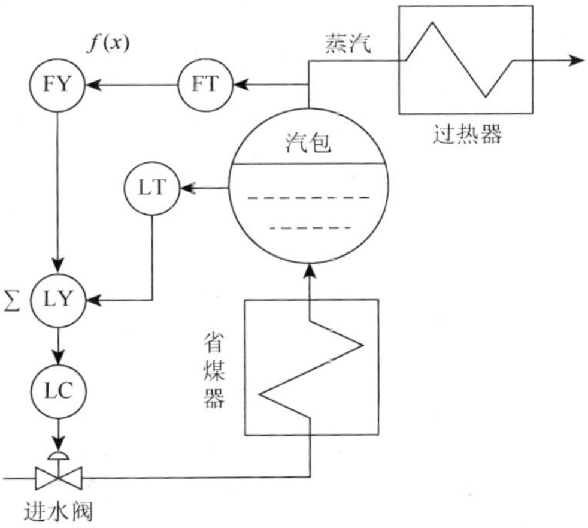

图 5.7　双冲量水位控制系统的变形

该控制方案的优点是水位上升与蒸汽流量增加时，控制阀动作方向相反，信号是相减的，因此可节省仪表。缺点是由于水位控制器的测量信号是水位信号与蒸汽流量信号之差，采用静态前馈时，不能保证水位无余差。为此，可将蒸汽流量的前馈信号先送微分环节(作为前馈控制器)，由于蒸汽流量不变化时，该前馈信号为零，可实现水位无余差。

双冲量水位控制系统考虑了蒸汽流量扰动对汽包水位的影响，但未考虑对给水流量扰动的影响，因此适用于给水流量较小的场合。

3. 三冲量水位控制系统

考虑到给水流量的扰动影响(如给水压力的变化等)及由于被控对象的非线性(如卧式锅炉水位的非线性)等因素，将给水流量引入双冲量系统中，组成三冲量水位控制系统。其原理和控制系统框图如图 5.8 所示。三冲量水位系统是汽包水位作为主被控变量，给水流量作为副被控变量的串级控制系统与蒸汽流量作为前馈-串级反馈控制系统。计算机控制装置或 DCS 实施锅炉汽包水位控制时常采用该控制方案。

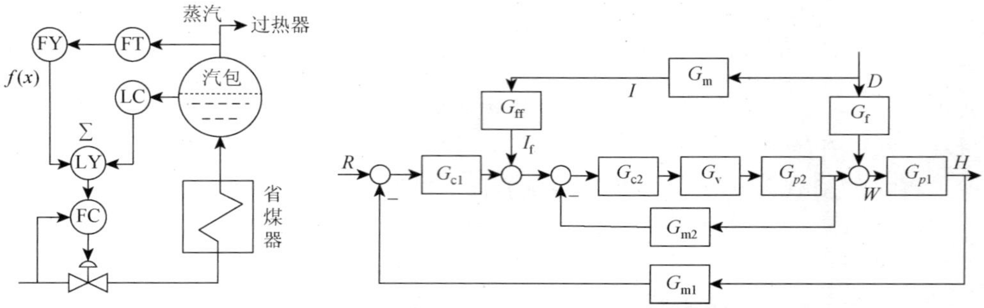

(a) 原理图　　(b) 控制系统框图

图 5.8　三冲量水位控制系统

1) 三冲量水位控制系统简介

这是典型的前馈-串级反馈控制系统。与双冲量水位控制系统比较，由于设置了串级副环，因此可将副环近似为 1∶1 比例环节，即有静态前馈控制器的规律为

$$K_{ff} = -\frac{\alpha D_{max}}{z_{max} - z_{min}} \tag{5.7}$$

根据串级控制系统的特点，三冲量水位控制系统将给水流量、给水压力等扰动引入串级控制系统的副环，因此能够迅速被副环克服，弥补了双冲量水位控制系统的缺点。

当控制通道和扰动通道的动态特性不一致时，可采用动态前馈控制规律，分析如下。图 5.9 是图 5.8(b)的另一个画法，它将扰动的入口点画在水位检测处。根据上述，蒸汽流量 D 对汽包水位 H 的扰动通道传递函数为

$$G_f(s) = \frac{H(s)}{D(s)} = \frac{H_1(s)}{D(s)} + \frac{H_2(s)}{D(s)} = -\frac{k_1}{s} + \frac{k_2}{T_2 s + 1} \tag{5.8}$$

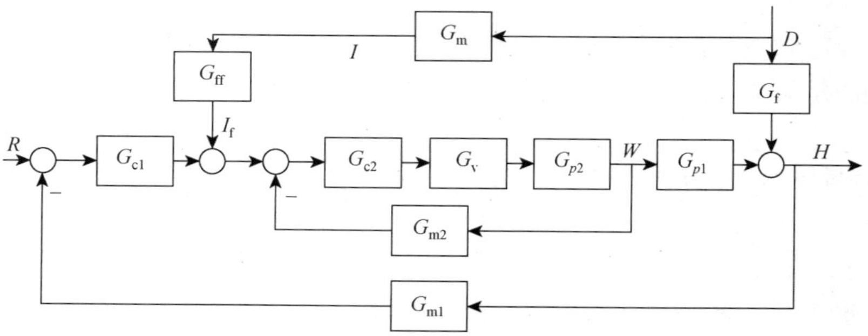

图 5.9　三冲量水位控制系统框图

给水流量 W 对汽包水位 H 的控制铜带传递函数为

$$G_{p1(s)}=\frac{H(s)}{W(s)}=\frac{k_0}{s}\mathrm{e}^{-s\tau} \tag{5.9}$$

串级副环可近似为 1∶1 的比例环节。蒸汽流量检测变送环节因动态响应快，用静态增益描述，即 $G_n(s)=K_{\mathrm{m}}=\dfrac{z_{\max}-z_{\min}}{D_{\max}}$，根据不变性原理，得到动态前馈控制区的控制规律：

$$G_{\mathrm{ff}}(s)=-\frac{G_{\mathrm{f}}(s)}{G_{\mathrm{m}}(s)G_{p1}(s)}=\frac{D_{\max}}{z_{\max}-z_{\min}}\left[\frac{k_{\mathrm{f}}}{k_0}-\frac{k_{\mathrm{d}}s}{T_2s+1}\right]\mathrm{e}^{s\tau} \tag{5.10}$$

式中：$k_{\mathrm{d}}=\dfrac{k_2}{k_0}$。实际应用时，通常有 $k_0=k_{\mathrm{f}}$，$\mathrm{e}^{s\tau}$ 无法物理实现，实际动态前馈控制器的控制规律近似为

$$G_{\mathrm{ff}}(s)\approx K\left(1-\frac{k_{\mathrm{d}}s}{T_2s+1}\right) \tag{5.11}$$

式中：K 为蒸汽流量检测变送环节增益的倒数，通常为 1。因此，实际实施时可采用蒸汽流量信号的负微分与蒸汽流量信号之和作为动态前馈信号。

2) 三冲量水位控制系统的简化方案

三冲量水位控制方案需要两个控制器，有两种简化控制方案。一是如图 5.10 所示的一种方案，从控制系统框图可知，将蒸汽流量信号、给水流量信号和汽包信号一起送加法器 LY，加法器输出的信号作为水位控制器的测量信号。主控制器是比例度为 100%的控制器，副控制器是水位控制器，加法器可设置比例系数，给水流量和蒸汽流量检测回路设置了比例系数。该简化方案中，汽包水位控制器的检测值是蒸汽流量信号、给水流量信号和汽包水位信号的代数和，当给水流量与蒸汽流量达到物料平衡(包括排污损失)、控制器具有积分控制作用时，水位无余差。但通常情况下，实施该控制方案的水位存在余差。

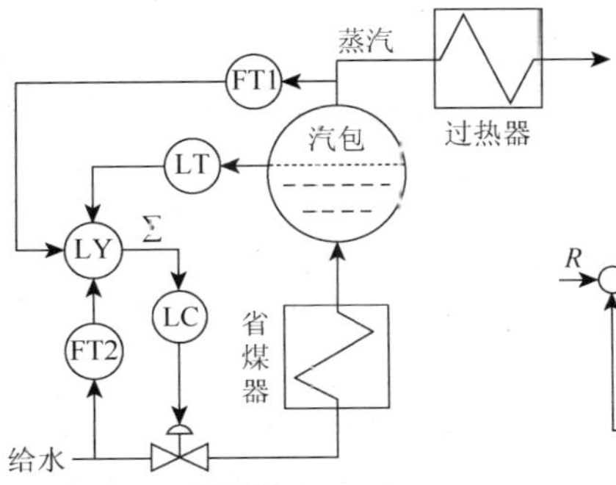

(a) 原理图

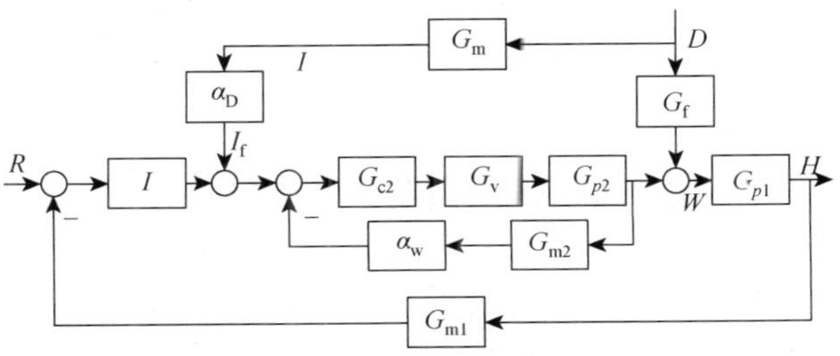

(b) 控制系统框图

图 5.10 三冲量水位控制系统的简化方案之一

为了水位无余差，将水位控制器移到加法器前，组成如图 5.11 所示的简化方案。图中，水位控制器输出信号、蒸汽流量信号、给水流量信号送加法器，加法器输出送给水控制阀。因此，该控制方案中，主控制器是给水控制器，副控制器是比例度为 100% 的比例控制器。由于水位控制器测量值是汽包水位信号，因此，当水位控制器具有积分控制作用时，该控制方案可实现汽包水位无余差。

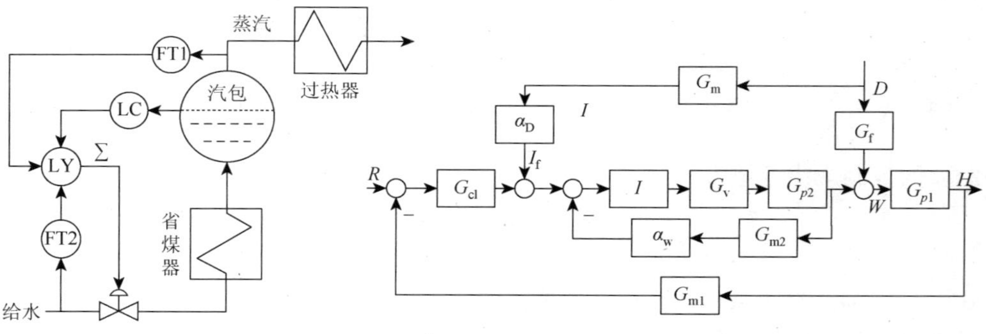

图 5.11　三冲量水位控制系统的简化方案之二

三冲量水位控制方案可用图 5.12 几种简化原理图来表示。

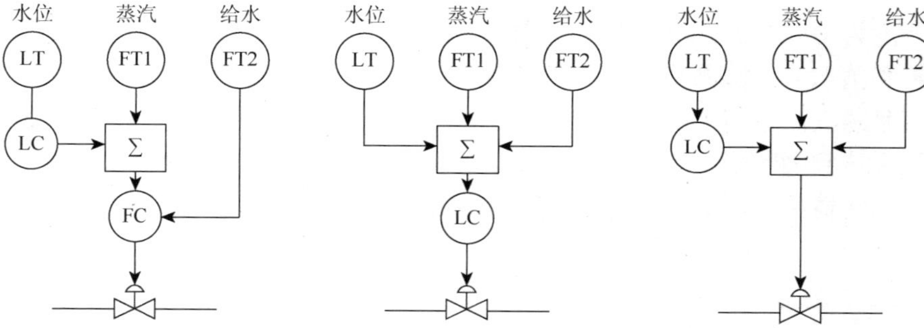

图 5.12　三冲量水位控制简化原理图

5.2.3　汽包水位计算机控制系统

锅炉汽包水位控制系统可采用单回路控制器实现。图 5.13 所示为采用 KMM 可编程单回路控制器实施时的功能模块组态图。图 5.13 中各个功能模块功能见表 5.2。

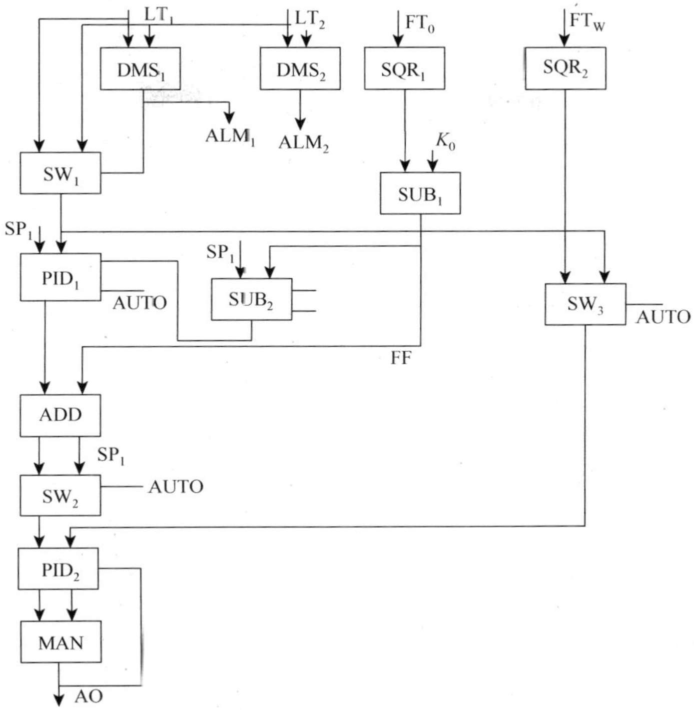

图 5.13　汽包水位控制系统组态图

表 5.2　功能模块的功能

功能模块名称	DMS	SQR	SW	SUB	ADD	PID	MAN
功能	偏差监视	开方	开关	减	加	控制	手动

控制方案主要包括下列内容。

1. 汽包水位的双重检测

采用两个检测元件和变送器对汽包水位进行检测，用偏差监视模块检测，发现异常时输出报警信号。正常情况下，开关 SW_1 切换到 LT_1，作为 PID_1 测量信号和 SW_3 输入信号，异常时，LT_2 信号送出，并发出报警信号；如果切换时或异常情况下，LT_2 信号异常，则 DMS_2 发出报警信号；异常工况下应及时检修 LT_1。

2. 单冲量与三冲量水位控制系统切换

开停车或负荷不正常时，控制系统应切换到单冲量水位控制系统，为此，使

用 SW_3 切换，当 SW_3 的 AUTO 为 1 时，表示单冲量水位控制，PID_2 作为水位控制器调节给水流量。当 AUTO 为 0 时，给水流量信号经开方 SQR_2 运算后，直接送水位控制器 PID_2，组成三冲量水位控制系统。这时，PID_1 测量信号来自水位信号，其输出经加法器 ADD，加入蒸汽流量的前馈信号（蒸汽流量信号经开方 SQR_1，并减去偏置 K_0 后送入），经 SW_2，作为 PID_2 的设定，组成蒸汽流量前馈-水位和给水流量的串级控制系统。

3. 无扰动切换

在 AUTO 状态，PID_1 输出跟踪 SUB_2 输出。为实现控制系统的无扰动切换，应使 ADD 输出等于 SP_1。根据图示，ADD 输入等于 PID_1 输出与 FF 之和，因 PID_1 输出跟踪 SUB_2 输出，因此，PID_1 输出跟踪 SP_1 减 FF，则 ADD 输出跟踪 SP_1。

5.3　蒸汽过热系统的控制

蒸汽过热系统包括一级过热器、减温器、二级过热器。蒸汽过热系统的控制任务是使过热器出口温度维持在允许范围内，并保护过热管管壁温度不超过允许的工作温度。

过热蒸汽的温度是锅炉汽水通道中的最高温度。通常，过热管正常运行温度接近过热管材料所允许的最高温度。如果过热蒸汽温度过高，过热器易损坏，造成汽轮机内部器件过度热膨胀，严重影响运行安全。过热蒸汽温度过低，设备效率下降，汽轮机最后几级蒸汽湿度增加，造成汽轮机叶片磨损。因此，需将过热器出口温度控制在允许范围内。

影响过热器出口温度的主要因素有蒸汽流量、燃烧工况、引入过热器的蒸汽热焓（减温水量）、流经过热器的烟气温度和流速等。过热器出口温度的各个动态特性都有时滞和惯性，因此，选择合适的操纵变量和合理的控制方案十分必要。

目前，常用减温水流量作为操纵变量，过热器出口温度作为被控变量，组成单回路控制系统。但通常时滞和时间常数都较大，也可引入减温器出口温度作为副被控变量，组成如图 5.14 所示的串级控制系统。有时，也可组成双冲量水位控制系统，即前馈-反馈控制系统，它将减温器出口温度的微分信号作为前馈信号，与过热器出口温度相加后作为过热器温度控制器测量，当减温器出口温度有变化时，才引入前馈信号。稳定工况下，该微分信号为零，与单回路控制系统相同。双冲量水位控制系统如图 5.15 所示，图中 TY 是微分器。

为防止过热器出口温度过低，造成过热蒸汽携带冷凝水进入蒸汽透平，损坏叶片，可设置安全连锁控制系统，当出口温度低于某一限值时，连锁切断减温水控制阀。

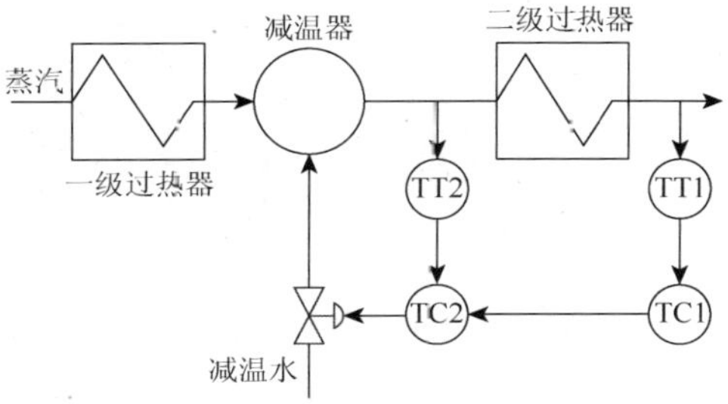

图 5.14　过热蒸汽串级控制系统

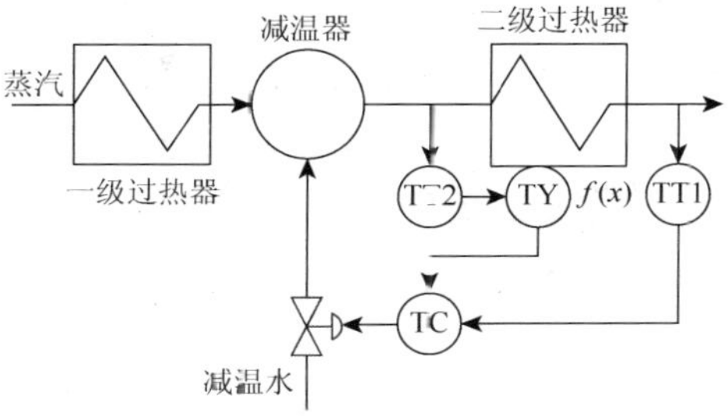

图 5.15　过热蒸汽的双冲量水位控制系统

5.4　燃烧控制系统

工业上锅炉燃烧控制系统与燃烧种类、燃烧设备及锅炉形式有关，本节介绍燃油锅炉燃烧控制系统。燃烧过程控制的基本要求是：保证出口蒸汽的压力稳定；保证锅炉安全运行；保证供气适宜、燃烧充分。

5.4.1　燃烧控制的任务

燃烧控制的基本任务包括：

(1) 使燃料燃烧所产生的热量适应蒸汽负荷的需求。

(2) 使燃料量与空气量保持一定比值，使过剩空气系数满足要求。

(3) 使引风量与送风量相适应，保持炉膛为一定负压。

这三项控制任务相互影响，应消除或减弱它们的关联。此外，从安全考虑，需采取相应的措施，防止喷嘴背压过低发生回火和喷嘴背压过高发生脱火。这三项任务、被控变量和操纵变量见表 5.3。

表 5.3　锅炉燃烧过程的任务、被控变量和操纵变量

控制任务	被控变量	操纵变量
锅炉蒸汽出口压力稳定	蒸汽出口压力	燃料量
燃烧过程的经济运行	燃料量与风量比值	送风量
锅炉炉膛负压稳定	炉膛负压	抽风量

5.4.2　燃烧过程的控制

1. 燃烧过程基本控制

(1)基本控制方案一：如图 5.16(a)所示，包括蒸汽压力为主被控变量、燃料量为副被控变量组成的串级控制系统，以及燃料量为主动量、空气量为从动量的比值控制系统。

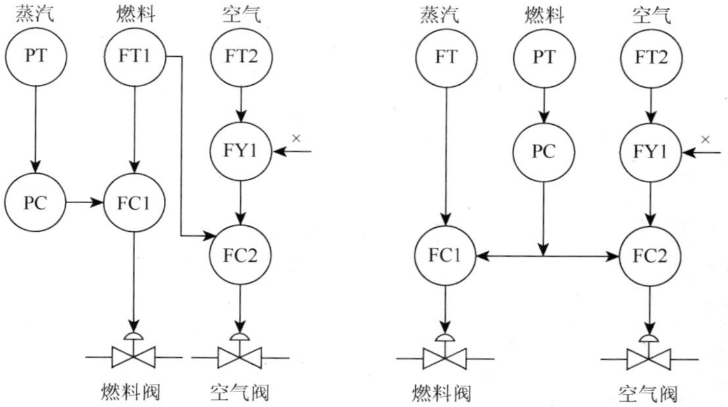

(a) 基本控制方案一　　(b) 基本控制方案二

图 5.16　燃烧过程基本控制

方案一能够确保燃料量与空气量的比值关系，当燃料量变化时，空气量能够跟踪燃料量变化，但是送入的空气量滞后于燃料量的变化。

(2)基本控制方案二：如图 5.16(b)所示，包括蒸汽压力为主被控变量、燃料量为副被控变量组成的串级控制系统，以及蒸汽压力为主被控变量、空气量为副被控变量的串级控制系统。

方案二中，燃料量与空气量的比值关系是通过燃料控制器和空气控制器的正确动作间接保证的，该方案能够保证蒸汽压力恒定。

(3)逻辑提量和逻辑减量控制系统：如图 5.17 所示，该控制方案在蒸汽负荷提量时能够先提空气量，后提燃料量；负荷减量时能先减燃料量，后减空气量，保证燃料的完全燃烧。该方案既能保证蒸汽压力恒定，又可实现燃料的完全燃烧。控制系统的工作原理参见选择性控制系统的有关内容。

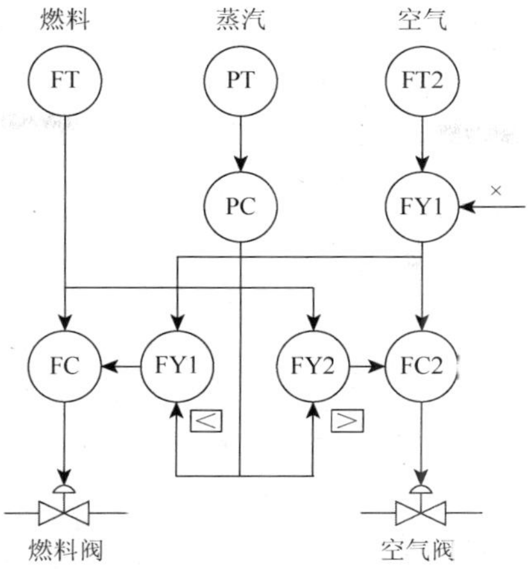

图 5.17　逻辑提量和逻辑减量控制系统

2. 双交叉燃烧控制

双交叉燃烧控制系统是以蒸汽压力为主被控变量、燃料和空气量并列为副被控变量的串级控制系统。其中，两个并列的副环具有逻辑比值功能，使该控制系统在恒温工况下能够保证空气和燃料在最佳比值，也能在动态过程中尽量维持空气燃料配比在最佳附近，因此，它具有良好的经济效益和社会效益。

双交叉燃料控制系统如图 5.18 所示。控制系统可方便地在计算机控制装置或 DCS 中实现。图中，HLM 和 LLM 分别是高限限幅器和低限限幅器，HSE 和 LSE 分别是高选器和低选器。

(1) 稳定工况。蒸汽压力在设定值，压力控制器 PC 输出经高、低限限幅器后，分别经燃料系统的高选器 HSE_1 和低选器 LSE_1，作为燃料流量控制器设定 SP_1，经空气系统的低选器 LSE_2 和高选器 HSE_2，并乘以比值系数 K 后，作为空气流量控制器设定 SP_2，因此，稳定二况时有 $SP_2=K\cdot SP_1$，由于两个流量控制器具有积分控制作用，稳态时，设定值与测量值应相等，无余差，即 $F_1=SP_1$，$F_2=SP_2$，因此有 $K\cdot F_1=F_2$。这表明，稳定工况下，燃料流量与空气流量能够保持所需的比值 K。

稳定工况下，控制系统中所有高选和低选、高限和低限都不起作用，它们的输出都是蒸汽压力信号值 OP。

(2) 负荷增加。蒸汽用量增加时，蒸汽压力下降，控制器 PC 的输出增加，即 OP 增加，引起 SP_1 和 SP_2 同时增加，但 SP_1 受 LSE_1 限幅，最大增量为 K_1，SP_2 受 LSE_2 限幅，最大增量为 KK_4，设置 $K_4>K_1$，使 SP_1 的增加不如 SP_2 明显，即达到先增空气量、后增燃料量的控制目的。

双交叉限幅的作用是使空气和燃料的增加交叉进行，即空气流量增加后，PV_2

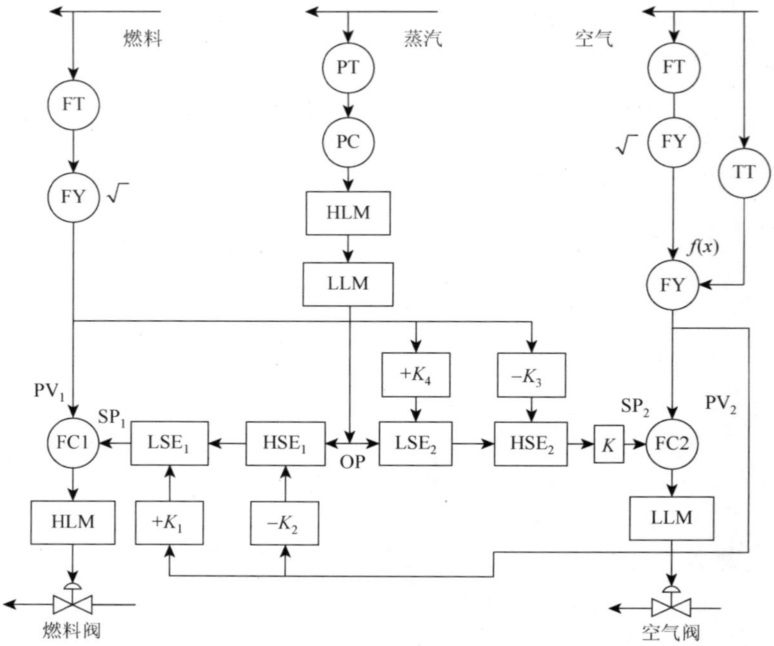

图 5.18　双交叉燃料控制系统

增大，经 K_1 后，使 LSE_1 的低限限值增大，即设定 SP_1 也随 PV_2 增大而增大，即燃料量增大。反之，燃料量增大后，PV_1 增大，经 K_4 后，使 LSE_2 增大，又反过来增大空气量，这种交叉的限幅值增加使得动态过程中也能保证燃料量和空气流量的比值接近最佳比值。

(3) 负荷减小。蒸汽用量减小时，蒸汽压力增加，PC 控制器输出减小，与上述相似，OP 减小，但因受 HSE_1 和 HSE_2 的限幅，SP_1 的最大减量为 K_2，SP_2 的最大减量为 KK_3，设置 $K_2>KK_3$，使 SP_2 的减少不如 SP_1 明显，从而达到减量时先减燃料量、后减空气量的控制目的。

同样，由于减量时 K_2 和 K_3 也交替减小，因此，燃料量和空气量在减量的动态过程中能够保证工作接近最佳比值。

5.4.3　燃烧过程中烟气氧含量闭环控制

燃烧过程控制保证了燃料和空气的比值关系，但并不能保证燃料的完全燃烧，燃料的完全燃烧与燃料的质量(含水量、灰分等)、热值等因素有关。不同的锅炉负荷下，燃料量和空气量的最佳比值也会不同，因此，需要有一个检查燃料完全燃烧的控制指标，并根据该指标控制送风量的大小。衡量燃烧过程是否完全燃烧的常用控制指标是烟气中的含氧量。

1. 锅炉的热效率

锅炉的热效率主要反映在烟气成分（主要是含氧量）和烟气温度上。烟气中各种成分（如 O_2、CO_2、CO）和未燃烧烃含量基本可反映燃料的燃烧情况。常用含氧量 A_0 表示。

理论空气量 Q_T 是根据燃料反应方程式计算出的完全燃料时所需的空气量。实际空气量 Q_p 是实际燃料过程中所需的空气量，$Q_p > Q_T$，超过理论空气量的这部分空气量称为过剩空气量。过剩空气量越大，炉膛内温度降低越多，烟气中带走的热损失也越大。不同燃料的过剩空气量有最佳值，如图 5.19 所示。对于液体燃料，最佳过剩空气量为 8%～15%。

用过剩空气系数 α 表示过剩空气量，定义为

$$\alpha = \frac{Q_p}{Q_T} \tag{5.12}$$

过剩空气系数很难直接测量，它与烟气中含氧量 A_0 有关

$$\alpha = \frac{21}{21 - A_0} \tag{5.13}$$

图 5.20 显示了过剩空气量与烟气含氧量 A_0、锅炉效率的关系。当 α 在 1～1.6 范围内时，过剩空气系数 α 与烟气含氧量 A_0 接近直线关系，根据图 5.20 可得到当过剩空气量为 8%～15%时，烟气含氧量 A_0 最优值为 1.6%～3%，在过剩空气量为 15%～18%时，锅炉效率最高。因此，用烟气含氧量作为锅炉燃料的经济指标是合理的。

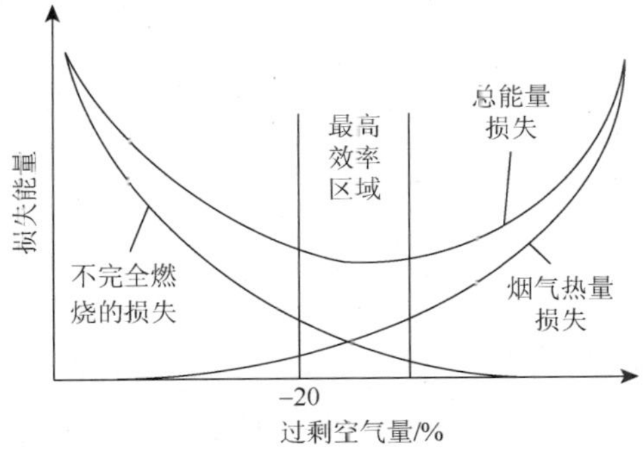

图 5.19　过剩空气量与能量损失的关系

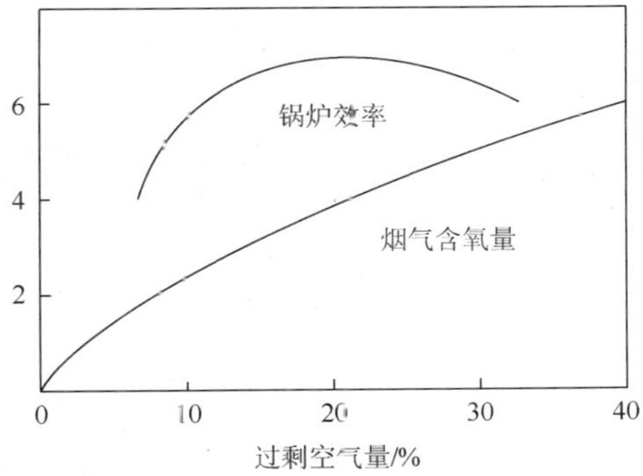

图 5.20　过剩空气量与烟气含氧量、锅炉效率的关系

2. 烟气含氧量的闭环控制系统

烟气含氧量控制系统与锅炉燃烧控制系统一起实现锅炉的经济燃烧，如图 5.21 所示。

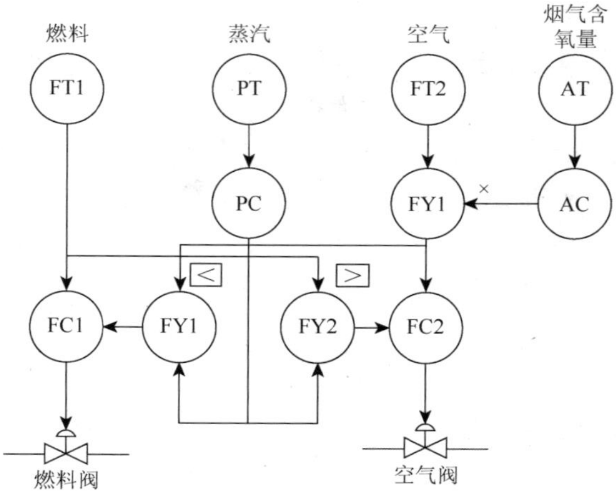

图 5.21 烟气含氧量的闭环控制系统

与图 5.17 所示的控制系统比较，烟气含氧量闭环控制系统是在原逻辑提量和减量控制系统的基础上，将原来的定比值改变为变比值，比值由含氧量控制器 AC 输出。当烟气中含氧量变化时，表明燃烧过程中的过剩空气量发生变化，因此，通过 AC 及时调整燃料和空气的比值，使燃烧过程达到经济燃料的控制目的。

实施时应注意，为快速反映烟气含氧量，随烟气含氧量的检测变送系统应选择正确。目前，常选用氧化锆氧量仪表检测烟气中含氧量。

5.4.4 炉膛负压控制及安全控制系统

1. 炉膛负压控制系统

炉膛负压控制系统中，被控变量是炉膛压力(控制在负压)，操纵变量是引风量。当锅炉负压变化不大时，可采用单回路控制系统。当锅炉负压变化较大时，应引入扰动量的前馈信号，组成前馈-反馈控制系统。例如，当锅炉负荷变化较大时，蒸汽压力的变动也较大，这时可引入蒸汽压力的前馈信号，组成

图 5.22(a)所示的前馈-反馈控制系统。当扰动来自送风机系统时，送风量会随之变化，如果送风量的变化不及时引入炉膛负压控制系统，则需要等到炉膛负压变化后才能调节引风量，即不能及时控制炉膛负压，为此，将送风量作为前馈信号，可组成图 5.22(b)所示的前馈-反馈控制系统。

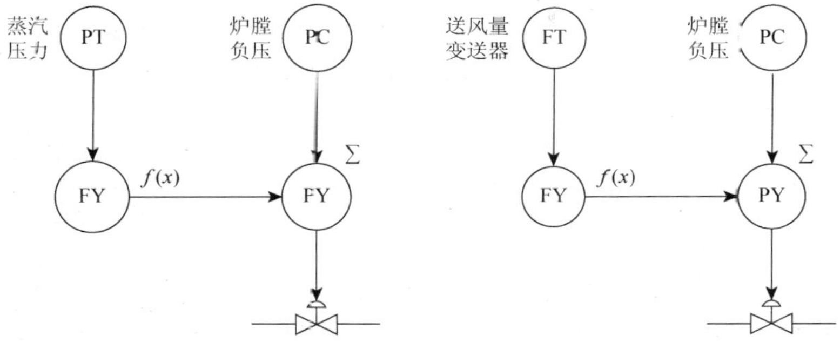

(a) 蒸汽压力前馈 (b) 送风量前馈

图 5.22 炉膛负压前馈-反馈控制系统

图 5.22 中，PC 是炉膛负压控制器，PY 是加法器，PT 是蒸汽压力变送器，FT 是燃烧用送风量变送器，FY 是前馈控制器，前馈信号与反馈信号相加。当引风量系统有扰动时，也可将引风量引入，组成以炉膛负压为主被控变量，引风量为副被控变量的串级控制系统，与上述的前馈信号一起组成前馈-串级反馈控制系统。

2. 安全连锁控制系统

炉膛负压控制系统可防止炉壁内火焰或烟气的外喷，此外，当燃料压力过高或过低、喷嘴发生堵塞等情况下，也会发生事故，为此，除了设置炉膛负压控制系统外，还需设置有关的安全连锁控制系统。

1) 防止回火的连锁控制系统

当燃料压力过低、炉膛内压力大于燃料压力时，会发生回火事故，为此，设置图 5.23(a)所示的连锁控制系统。采用压力开关 PSA，当压力低于下限设定值时，使连锁控制系统动作，切断燃料控制阀的上游切断阀，防止回火。

也可采用选择性控制系统，防止回火事故发生。将喷嘴背压的信号送背压控制器，与蒸汽压力和燃料量串级控制系统进行选择性控制。正常时，由蒸汽压力和燃料量组成的串级控制系统控制燃料控制阀，一旦喷嘴背压低于设定，则背压控制器输出增大，经高选器后取代原有串级控制系统，根据喷嘴背压控制燃料控制阀。

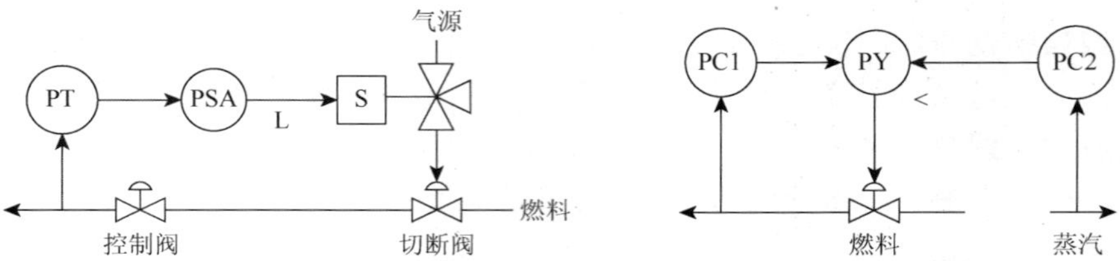

(a) 防止回火的连锁控制系统　　(b) 防止脱火的选择控制系统

图 5.23　锅炉的安全控制系统

2) 防止脱火的选择性控制系统

当燃料压力过高时，由于燃料流速过快，易发生脱火事故。为此，设置燃料压力和蒸汽压力的选择性控制系统［图 5.23(b)］，正常时，燃料控制阀根据蒸汽负荷的大小调节，一旦燃料压力过高，燃料压力控制器 PC2 的输出减小，被低选器选中，由燃料压力控制器 PC1 取代蒸汽压力控制器 PC2，防止脱火事故发生。

可将防止回火和脱火的系统组合，如图 5.24 所示，并设置回火报警系统，防止脱火采用低选器，防止回火采用高选器，Q_{min} 表示防止回火的最小流量对应的仪表信号。

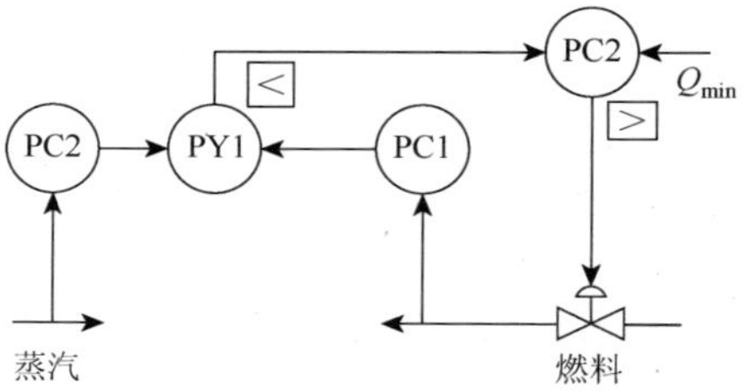

图 5.24　防止脱火和回火的选择性控制系统

3) 燃料量限速控制系统

当蒸汽负荷突然增加时，燃料量也会相应增加，当燃料量增速过快时，会损坏设备。为此，在蒸汽压力控制器输出设置限幅器，使最大增速在允许范围内，防止设备损坏事故的发生。锅炉安全控制系统还包括其他一些限速的系统。

5.4.5　计算机技术在锅炉控制上的应用

某工厂的锅炉采用集散控制系统(DCS)进行控制。控制系统如图 5.25 所示。

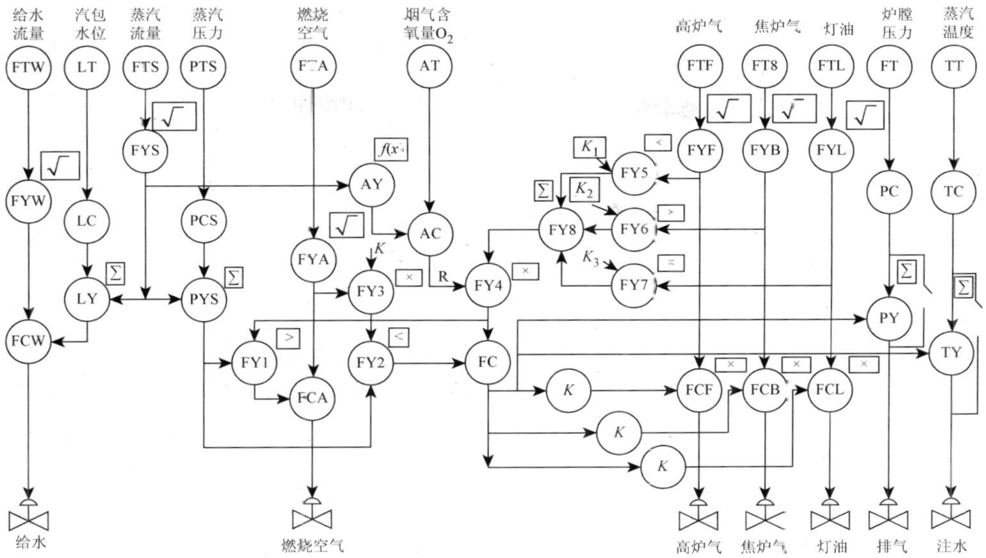

图 5.25　锅炉控制系统示意图

1. 燃料过程的控制

该锅炉的燃料来自高炉气、焦炉气和灯油，由于各种燃料的热值不同，应按照总热量计算燃料所需空气量。此外，不同燃料对过程空气量的要求也不同，因此，当三种燃料混合燃烧时，控制较复杂，与燃料类型有关。根据 Rosin 公式，理论空气量 Q_T 为

$$Q_T = a_1(H_a/1000) + a_2 \tag{5.14}$$

式中：Q_T 为理论空气量；H_a 为热量值；a_1 为系数，对灯油、高炉气、焦炉气分别为 0.85、0.875、1.09；a_2 为系数，对灯油、高炉气、焦炉气分别为 2.0、0.0、–0.25。

以总理论空气量为基准的控制方法是根据各燃料的流量分别计算各自所需的理论空气量，相加后得到总理论空气量。经计算，对灯油、高炉气、焦炉气燃料，其理论空气量(在标准状态下)分别为 10.40m^3/kg、6.70m^3/m^3、4.66m^3/m^3。

1) 低过剩空气率的控制

该锅炉的燃料控制系统中，有三种不同理论空气量的燃料同时参与燃烧，因此，根据各自燃料计算出理论空气量(可按图 5.26 所示计算)，总理论空气量是三者之和。

图中，K_1=6.70，K_2=4.66，K_3=10.40，FTF、FTB 和 FTL 分别是高炉气、焦炉气和灯油流量检测的差压变送器，经各自开方器后的信号设为 I_i，分别乘以理论

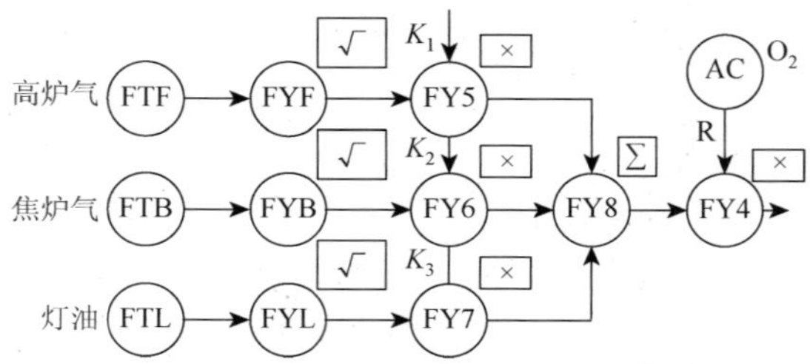

图 5.26　燃料总量理论空气控制

空气量的数据 K_i，并在加法器 FY8 相加。烟气含氧量控制器 AC 的输出是过剩空气率 R，则理论空气量与 R 之积作为总实际燃料量的测量值。实际总燃料量的模型为

$$I = R\sum_{i=1}^{3} K_i I_i \quad I = \sum_{i=1}^{3} K_i I_i \tag{5.15}$$

2）最佳过剩空气控制

负荷变化时，主蒸汽流量与烟气中含氧量的最佳关系并非线性关系，而是如图 5.27 所示。负荷减少时，过剩空气量应增大。

根据图示非线性关系，可采用折线函数发生器实施，根据蒸汽流量得到烟气含氧量的设定值。控制系统如图 5.28 所示，根据负荷的大小，获得最佳过剩空气量，并依据该最佳值进行控制。

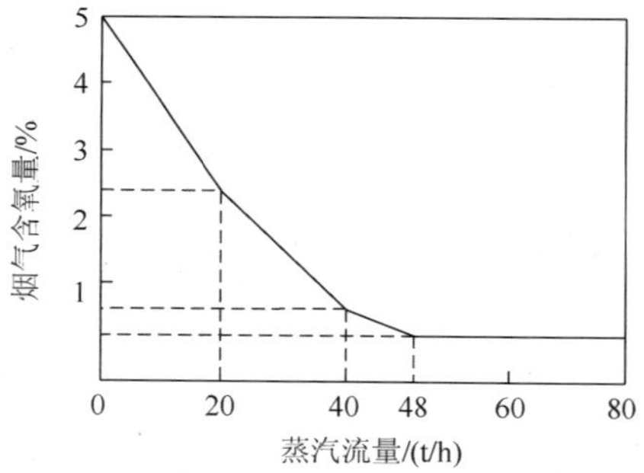

图 5.27　负荷与烟气含氧量关系

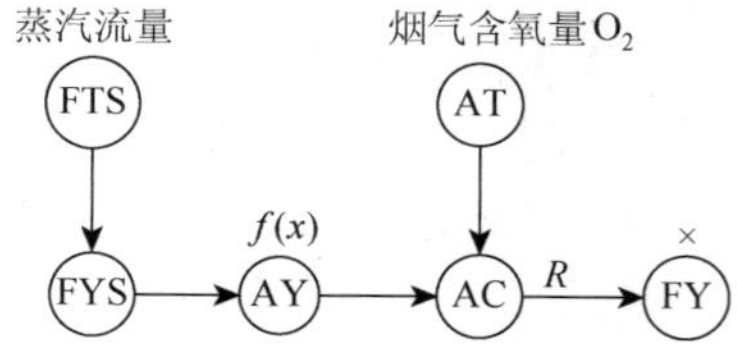

图 5.28　最佳过剩空气控制

3）燃料任意配比控制

低过剩空气率的控制提供了总燃料量的测量信号，而燃烧空气量信号经 FY3，乘以空气燃料配比 k 后，作为总燃料量控制器的设定值。控制器的输出可任意根据设置的比值(图 5.25 中都用 K 表示)，作为高炉气、焦炉气和灯油流量控制器的设定值，从而实现了混合燃料的任意配比。

4) 防黑烟控制

在低过剩空气量运行状况，容易发生燃烧空气量不足的情况，使烟囱冒黑烟，因此，为了使负荷增大时先提空气流量，再提燃料量，负荷减量时后减空气量，采用逻辑提量和逻辑减量控制，如图 5.25 所示。图中，FC 是总燃料量控制器，FCA 是空气流量控制器，PCS 是蒸汽负荷的压力控制器，FY1 是高选器，FY2 是低选器。该控制系统中还增加了蒸汽流量的控制信号，作为负荷变化的前馈信号。

5) 炉膛负压控制

由于总燃料控制器的设定跟踪负荷变化，因此，采用总燃料控制器输出作为前馈信号，与炉膛负压组成前馈-反馈控制系统。考虑到操作的需要，还设置手动开关，以便组成炉膛负压的单回路控制系统。

6) 蒸汽温度控制

采用总燃料控制器输出作为蒸汽温度控制系统的前馈信号，组成蒸汽温度的前馈-反馈控制系统，蒸汽温度控制系统的操纵变量是注水量。

2. 汽包水位的三冲量控制系统

控制系统是蒸汽流量作为前馈信号，汽包水位为主被控变量，给水流量为副被控变量的前馈-串级控制系统。整个控制系统采用 DCS 实现。以节能为中心，提高自动化水平和生产的安全性和可靠性。系统运行后，烟气含氧量下降，蒸汽耗量下降，能取得明显的经济效益。

第 6 章　精馏塔的控制

6.1　精馏塔概述

精馏过程是工业生产中应用极为广泛的传质、传热过程。其实质是利用混合物中各组分具有不同的挥发度，或在同一温度下各组分的饱和蒸汽压不同，使液相中的轻组分转移到汽相中，而汽相中的重组分转移到液相中，从而达到分离的目的。其中，多次部分汽化在液相中可获得高纯度的难挥发组分，多次部分冷凝在气相中可获得高纯度的易挥发组分。

在石油、化工等工业生产中，许多原料、中间产品或粗产品往往是由若干组分所组成的混合物，需要通过精馏过程进行分馏或精制。精馏塔就是用于精馏过程的重要设备。精馏装置一般由精馏塔、再沸器和冷凝器等设备组成。按照结构的不同，精馏塔分为板式塔和填料塔。板式塔又分为筛板塔、泡罩塔、浮阀塔和斜板塔等。填料塔按填料的不同又可以分为几种，如散堆填料塔、规整填料塔。精馏塔一般为圆柱形体，内部装有提供汽、液分离的多层塔板，塔身设有混合物进料口和产品出料口。

精馏塔是一个内在机理非常复杂的被控设备。在精馏操作过程中，被控参数多，可供选用的操作参数也多，它们之间又有各种不同的组合，而且各参数间还存在相互关联，对控制作用的响应也比较缓慢；对于不同工艺要求，塔的结构也各不相同，而且控制要求随着产品质量指标的提高也不断提高。所有这些都给精馏塔的控制带来一定难度，实现对精馏塔的精确控制十分重要。

6.2　精馏塔的控制目标及变量分析

6.2.1　控制目标

要对精馏塔实施有效控制，必须首先了解精馏塔的控制目标。精馏塔的控制目标通常表现在产品质量、产品产量及能量消耗三个方面，实现这三方面的精确控制是实现精馏过程安全、高效的控制的前提。

1. 产品质量

精馏操作的目的是将混合液中各组分分离为预期的产品，产品质量必须符合技术规定的要求。

在二元组分的精馏中，质量指标是指塔顶产品中轻组分纯度要求符合技术规定或塔底产品中重组分纯度符合技术要求。在多元组分的精馏中，一般只控制关键组分。由塔底分离出来的挥发度较小的组分称为重关键组分。例如，在脱乙烷的精馏塔中，乙烷组分从塔顶分离出，乙烷被称为轻关键组分。这样，对多元组分的分离就被简化为对二元关键组分的分离，从而大大简化了精馏操作。

毫无疑问，产品的质量指标是精馏塔控制的首要目标之一。如果质量不合格，总的生产效率降低。但也不能说质量越高越好，若质量指标超过规定要求，产品产量则有可能下降，物耗、能耗等将会增加，同样会导致总的生产效率降低。由此可见，产品质量指标一定要符合规定，既不能高于规定要求，也不能低于规定要求。此外，在保证产品质量的前提下，要考虑产品的产量与能量的消耗。

2. 产品产量与经济效益

任何产品都要求在确保质量的前提下，尽可能提高产品的产量和降低成本、最大限度地提高经济效益。

在精馏过程中，通常将产品的产量与进料中该产品的组分量之比定义为产品的收率(生产效率)。显然，当进料产品的组分一定时，该产品的产量与收率成正比。

生产效率不等于经济效益。要获得高的经济效益除了需确保质量、提高产量外，还要尽可能降低消耗(主要是能量消耗)。因此，在精馏塔操作中，质量指标、产品收率和能量消耗均是控制目标。其中质量指标是必要条件，在质量指标一定的条件下，应使产量尽可能提高，同时能量消耗尽可能降低。

6.2.2　变量分析

精馏塔有多个被控制变量和多个操控变量，合理选择它们的配对，有利于减小系统的关联，并使精馏塔的操作平稳。精馏塔的进、出料流程图如图 6.1 所示。

1. 不可控干扰

一般情况下，塔的进料流量 q_F 是不可控的，它由前一工序决定；进料成分 a_F 的变化也是无法控制的，它也由前一工序决定，不过在大多数情况下 a_F 的变化是缓慢的。所以，进料流量 q_F 及进料成分 a_F 的变化是精馏过程中的主要干扰量。其他干扰如进料温度、进料热焓等，可以通过各自的控制系统使它们保持相对稳定。

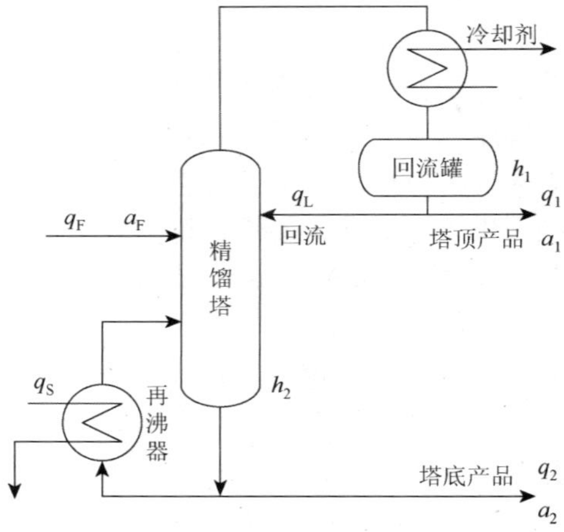

图 6.1　精馏塔的进、出料流程图

2. 被控量与控制量

除了上述主要干扰量以外，在精馏过程中还存在 8 种参数变量，它们分别是：塔顶产品的成分 a_1，塔底产品的成分 a_2，回流罐液位 h_1 和塔底液位 h_2，塔顶产品流量 q_1，塔底产品流量 q_2，回流量 q_L 及再沸腾加热用蒸汽流量 q_S。

显而易见，为了实现精馏过程中的首要控制目标和保证精馏过程的正常运行，塔顶产品的成分 a_1 与塔底产品的成分 a_2、回流罐液位 h_1 与塔底液位 h_2 应为被控量，而塔顶产品流量 q_1 与塔底产品流量 q_2、回流量 q_L 与再沸腾加热用蒸汽流量 q_S 应作为控制量。

由此可知，在精馏塔控制过程中，控制变量与被控变量之间的配对关系共有 24 种选择。

3. 变量配对原则

在选取变量配对时一般应遵循如下原则：

(1) 要求输入变量对输出变量的影响大、反应速率快。

(2) 应尽量采用“参数就近”的原则并力求使塔的能量平衡控制与物料平衡控制间的相互关联最小。

(3) 控制装置尽可能简单且易于实现。

实践表明，在上述 24 种可能的变量配对选择中，要想同时满足上述诸项要求是比较困难的，只能在设计中进行认真研究与比较，从中选择相对合理的配对方案。

由生产工艺的要求可知，精馏产品(塔顶及塔底的馏出物)成分的控制具有极其重要的意义。因此，在变量配对时首先要解决产品成分变量的配对问题。

6.3　精馏塔的控制方案

精馏塔的控制方案繁多，下面将选择其最具代表性的、常见的控制方案进行介绍。

6.3.1　一端产品质量控制

一端产品质量控制是指塔顶产品或塔底产品要达到规定的纯度指标，而对另一端的产品纯度只要保持在一定范围内即可。它分为塔顶产品成分控制和塔底产品成分控制两种。

1. 塔顶产品成分控制

当工艺上对塔顶产品的成分有严格要求，而其他产品成分只要保持在一定范围内时，只需对塔顶产品成分进行质量控制。例如，在对甲醇进行分离的精馏塔中，其进料为甲醇、甲醛和水的混合液，工艺要求把甲醇分离出来。因甲醇为轻组分，所以这是一个塔顶产品成分的控制问题。其甲醇分离的参数见表 6.1。

表 6.1　某甲醇分离参数表

工况 / 成分	进料	塔顶馏出物	塔底馏出物
流量/(kg/s)	400	17.5	382.5
甲醇成分	y=0.046	y_1=0.986	y_2=0.003
甲醛成分	0.196	0.006	0.205
水成分	0.758	0.008	0.792

根据变量配对的要求，通常采用的控制方案是：用塔顶产品流量控制塔顶产品成分；用回流量控制回流罐液位；用塔底产品流量控制塔底液位；蒸汽的热釜(再沸器)进行自身流量的控制，如图 6.2 所示。

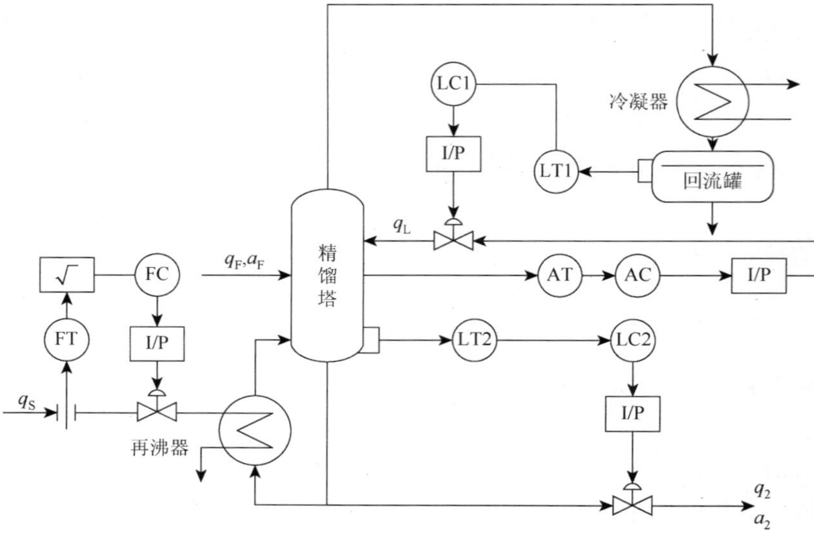

图 6.2　塔顶产品成分控制方案

该控制方案表明，在仅需要控制塔的一端产品质量时，应该选用物料平衡控制方式，即用塔顶产品流量或塔底产品流量来保证塔顶成分达到规定要求；同时应以塔的上、下两端产品中流量较小的参数作为控制量来控制塔顶的产品质量。根据这一原则，选用塔顶产品流量作为控制量则比较适宜。在图 6.2 中，调节器的输出均通过电-气转换后变成气压信号，经气动阀门定位器进行功率放大，进而推动气动薄膜调节阀。这样做主要是为了本身安全防爆，确保生产安全。

2. 塔底产品成分控制

塔底产品成分控制的目的是把进料中挥发度较小的重组分从塔底分离出来，并严格控制其质量要求，而对塔顶产品组分只要保持在一定范围内即可。一般采用的控制方案如图 6.3 所示。由图可知，用塔底产品流量控制塔底产品成分，以保证控制质量；对塔顶产品只进行流量控制，用回流量控制回流罐液位，用蒸汽量控制塔底液位，使精馏操作能正常进行。

6.3.2　两端产品质量均需控制

当塔顶及其他产品分别需要满足一定质量指标时，则需要对塔的两端产品质

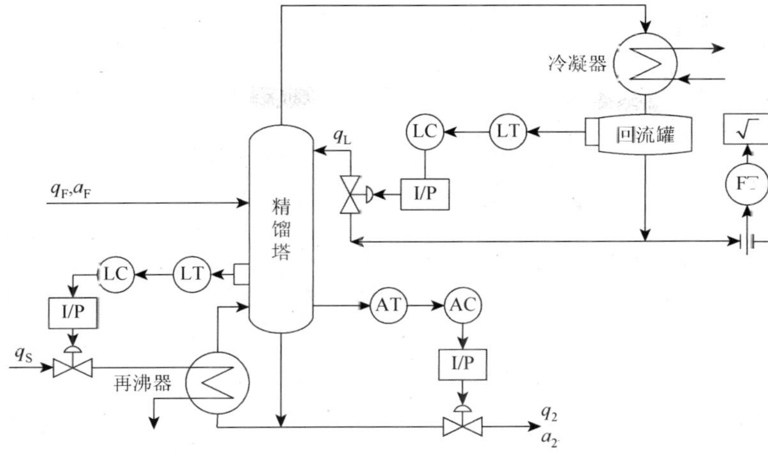

图 6.3　塔底产品成分控制方案

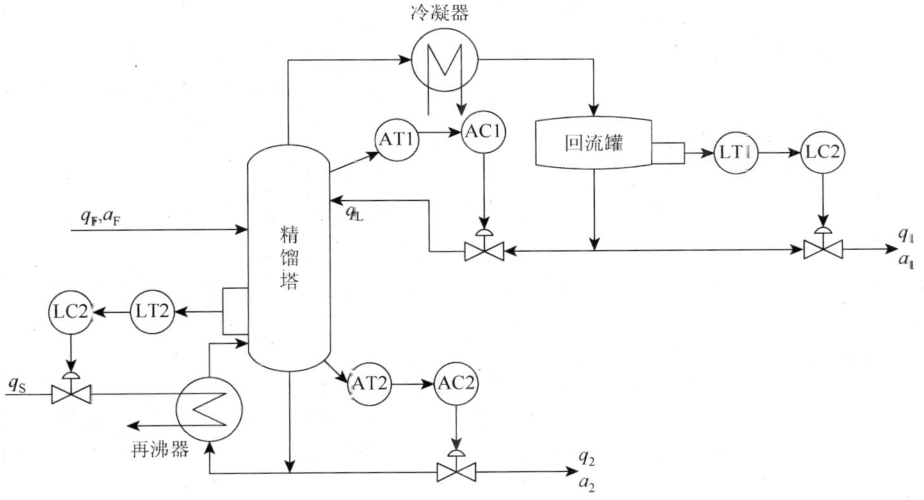

图 6.4　两端产品质量控制方案

量进行控制。通常采用的控制方案如图 6.4 所示。

在该控制方案中，用回流量控制塔顶产品成分，用塔底流量控制塔底产品成分，其目的是保证两端产品的控制质量；用塔顶流量控制回流罐液位，用蒸汽量控制再沸器液位，使精馏操作能正常进行。但是，由精馏操作的内在机理可知，当回流量改变时，不仅影响塔顶产品组分的变化，也会引起塔底产品组分的变化；同理，当塔底的加热用蒸汽流量变化时，也将引起塔内温度的变化，从而不但使塔底产品组分产生变化，也将影响塔顶产品组分的变化。可见，这是一个 2×2 的多变量耦合系统，其控制框图如图 6.5 所示。

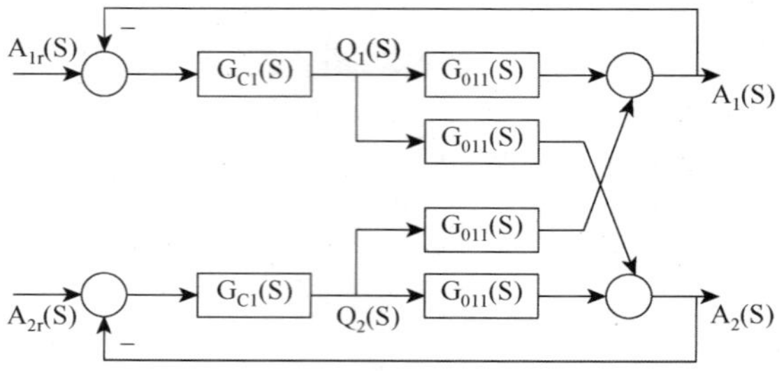

图 6.5　精馏塔两端产品控制框图

6.3.3　两端产品质量控制实例分析

某气分装置的脱丙烷精馏塔将液化石油分离为 C_3 和 C_4 馏分，并分别作为后工序丙烯塔和脱异丁烷塔的进料。为此对塔顶和塔底产品的组分均有较高控制要求，工艺操作指标均为 99%，经关联分析，设计图 6.6 所示的脱丙烷精馏塔两端产品的质量控制系统。

图中 TY1 和 TY2 是乘法器，FY1 和 FY2 是加法器。T_dC1 和 T_dC2 是温度差控制器，FC1～FC5 分别是进料量、回流量、塔顶馏出量、塔底采出量和再沸器加热器的控制器。PC 是塔压控制器，FY3 是前馈控制器。

塔顶和塔底产品质量指标均用温度差作为间接指标。塔顶温度差作为主被控变量，塔顶馏出量 D 作为副被控变量，以回流罐液位作为前馈信号，它反映回流量和馏出量之和 L_R+D，组成前馈-串级反馈均匀控制系统。根据强制内部物料平衡关系，采用回流量液位 (L_R+D) 和塔顶馏出量 D 确定回流量 L_R，组成强制内部物料平衡的回流量控制系统。塔压采用控制 V-1 和 V-2 的分程控制系统，控制热旁路和回流量放空量。

同样，塔底温度差作为主被控变量，与再沸器加热量 V 组成串级控制系统，进料量 F 作为前馈信号，组成前馈-串级控制系统。此外，塔釜液位作为主被控变量、塔底采出量 B 作为副被控变量组成串级均匀控制系统，并将采出量（反应塔釜液位变化）作为前馈信号及时调整再沸器加热量。

该控制系统两端产品的成分，当进料组分变化时，如从 9.5t/h 变化到 11t/h 时，精馏塔两端温度差仍可控制得很好，两端产品均能达到工艺所需 99%的纯度要求。统计数据表明，由于回流比由原设计值 3.19 下降到 2.8 左右，加热蒸汽量与塔底采出量之比也从 0.313 下降到 0.217 左右，取得明显的节能效果。

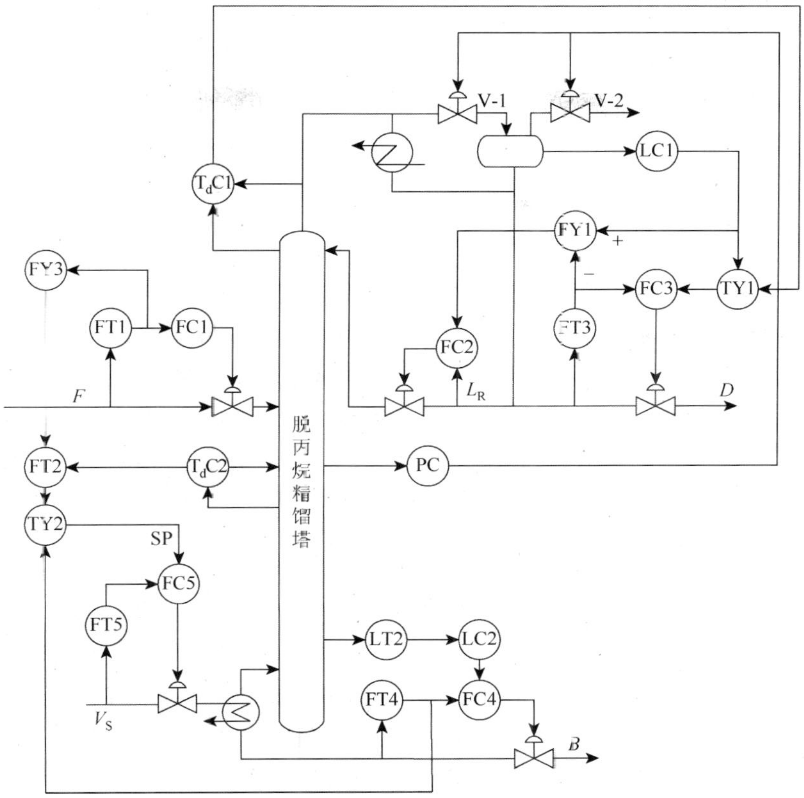

图 6.6　脱丙烷精馏塔两端产品的质量控制

6.4　复杂控制系统在精馏塔中的应用

实际精馏塔的控制中，除了采用单回路控制外，还采用较多的复杂控制系统，如串级、均匀、前馈、比值、分程、选择性控制等。

6.4.1　串级控制

串级控制系统能够迅速克服进入副环的扰动对系统的影响。因此，精馏塔控制中，对产品质量有关的一些控制系统中，如果扰动对产品质量有影响，而且可以组成串级控制系统的副环时，都可组成串级控制系统。例如，精馏段温度与回流量或馏出量或回流比组成串级控制，提馏段温度与加热蒸汽量或塔底采出量组成串级控制等。

串级控制系统对副环参数的变化不灵敏，能够较精确地控制副被控变量的流量。因此，精馏塔控制中，当需要使操纵变量的流量与控制器输出保持准确对应关系及副环特性有较大变化时，也可组成串级控制系统。例如，回流罐液位与塔顶馏出量或回流量的串级控制，塔釜液位与采用量的串级控制等。

串级均匀控制系统能够对液位(或气相压力)和出料量兼顾，在多塔组成系统控制中得到广泛应用。

6.4.2　前馈-反馈控制

精馏塔的大多数前馈信号采用进料量。当进料量来自上一工序时除了多塔组成的塔系中可采用均匀控制或串级均匀控制外，常用于克服进料扰动影响的控制方法是采用前馈-反馈控制。反馈控制系统可以是塔顶和塔底的有关控制系统。在图 6.6 中，静态前馈型有将进料量 F 作为前馈信号，相应改变塔顶馏出量 D、塔底采出量 B 和蒸汽量 V，组成相乘型前馈-反馈控制系统。考虑到精馏塔的水力学滞后的影响，也可引入动态前馈，组成动态前馈-调节控制系统。

此外，根据精馏塔产品质量指标，可组成进料量 F 的前馈与产品质量为主控变量、馏出量 D 为副被控量的前馈-串级反馈控制系统。

精馏塔的前馈信号也可取自馏出量，组成称为“强制内部平衡”的相加型前馈-反馈控制系统，如图 6.7 所示。图中，反映产品质量指标的温度与馏出量 D 组成串级控制系统。馏出量作为前馈信号，其变化通过前馈控制 FY1 与回流罐液位的反馈信号相加，组成前馈-反馈控制系统。因回流罐液位与回流罐流量 L_R 组成串级控制系统，所以当馏出量变化时能够及时通过前馈控制改变回流量，实现强制内部物料平衡，并使采用直接物料平衡控制方案响应慢的缺点得以克服。

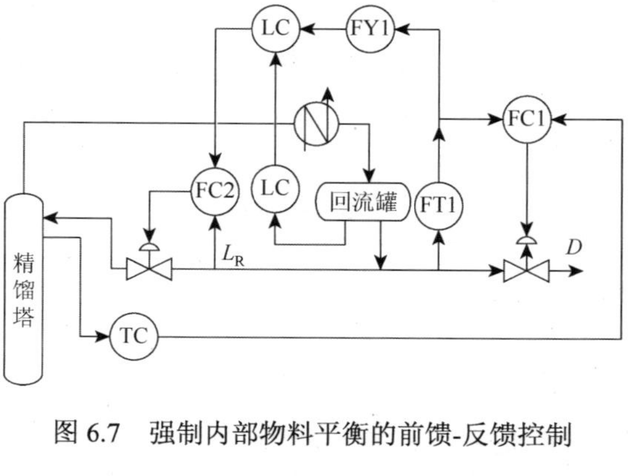

图 6.7　强制内部物料平衡的前馈-反馈控制

6.4.3　选择性控制

精馏塔操作受约束条件制约，当操作参数进入安全软限时，可采用选择性控制系统，使精馏塔操作仍可进行，这是选择性控制系统在精馏塔操作中一类较广泛的应用。选择性控制系统在精馏塔操作中的另一类应用是控制精馏塔的自动开、停车。

例如，图 6.8 所示防止液泛的超驰控制系统。

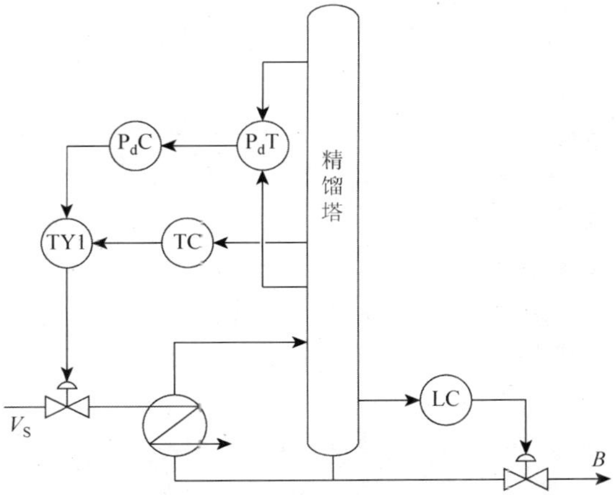

图 6.8　防液泛超驰控制

该控制系统的正常控制器是提馏段温度控制器 TC，取代控制器是塔压差控制器 P_dC。正常工况下，由提馏段灵敏板温度控制再沸器加热蒸汽量，当塔压接近液泛限值时，反作用控制器 P_dC 输出下降，被低选器 TY1 选中，由塔压差控制器取代温度控制器，保证精馏塔不发生液泛。为防止积分饱和，将低选器输出作为 TC 和 P_dC 的积分外反馈信号。

第 7 章　化学反应器的控制

7.1　化学反应器概述

化学反应过程是物质的原子和分子重新组合生成新物质的过程，伴随有化学和物理现象，涉及能量、物料平衡以及物料、动量、热量、物质传递等过程，因此，化学反应器的操作一般较复杂。

化学反应是在反应器中进行的，反应器在化工生产中具有重要的作用，通常是化工生产中的核心，随着化工产品种类的增加、生产工艺的成熟，化学反应器的种类也越来越多。根据不同的生产条件和生产要求，化学反应器可以分为以下几类：

（1）根据反应物可聚集状态分为均相和非均相反应器。

（2）根据进出物料的连续状态分为间歇、半间歇和连续反应器。

（3）根据传热情况分为绝热和非绝热反应器。

（4）根据物料流程分为单程和循环反应器。

（5）根据结构分为釜式、管式、固定床、流化床、鼓泡床等反应器。

7.2　化学反应器的控制要求

化学反应的本质是物质的原子、离子重新组合，使一种或几种物质变成另一种或几种物质。化学反应的特点有：化学反应遵循质量守恒和能量守恒定理；化学反应严格按反应方程的物质的量比例进行；反应过程需在一定压力、温度和催化剂存在的条件下进行；在化学反应过程中常发生相应的物理变化。

由于反应器在结构、物料流程、反应机理和传热情况等方面的差异，自控的难易程度相差很大，自控的方案也千差万别。在设计化学反应器的自控方案时，一般要考虑下列要求。

1. 质量指标

化学反应器的质量指标一般指反应的转化率或反应生成物的规定浓度。显然，转化率应当是被控变量。如果转化率不能直接测量，就只能选取几个与它有关的参数，经过运算间接控制转化率。由于化学反应不是吸热就是放热，反应过程总伴随着热效应，因此，温度是最能够表征质量的间接控制指标。也有用出料浓度作为被控变量的，如焙烧硫铁矿或尾砂，取出口气体中 SO_2 含量作为被控变量。

以温度、压力等工艺变量作为间接控制指标，有时并不能保证质量稳定。当有干扰作用时，转化率和反应生成物组分等仍会受到影响。特别是在有些反应中，温度、压力等工艺变量与生成物组分间不完全是单值对应关系，这就需要不断地根据工况变化去改变温度控制系统的给定值。在有催化剂的反应器中，由于催化剂的活性变化，温度给定值也要随之改变。

2. 物料平衡

为使反应正常进行、转化率高，要求维持进入反应器的各种物料量恒定，配比符合要求。为此，在进入反应器前，往往采用流量定值控制或比值控制。另外，在有一部分物料循环的反应系统中，为保持原料的浓度和物料平衡，需另设辅助控制系统，如氨合成过程中的惰性气体自动排放系统。

3. 约束条件

对于反应器，要防止工艺变量进入危险区域或不正常工况。例如，在不少催化接触反应中，温度过高或进料中某些杂质含量过高将会损坏催化剂；在流化床反应器中，流体速度过高会将固相吹走，而流速过低又会让固相沉降等。为此，应当配备一些报警连锁装置或设置取代控制系统。

反应器常用的控制方法包括：反应物流量控制、流量的比值控制、冷却剂量或加热剂量的控制等。

7.3　化学反应器的基本控制

7.3.1　出料成分的控制

当出料成分可直接检测时，可用出料成分作为被控变量组成控制系统。

示例：合成氨生产过程中变换炉的控制。

变换生产过程是将造气工段来的半水煤气中的一氧化碳转化为合成氨生产所

需的氢气和易于除去的二氧化碳，变换炉进行如下气固相反应：

$$CO + H_2O \longrightarrow CO_2 + H_2 + Q \tag{7.1}$$

变换反应的转化率可用变换气中的一氧化碳含量表征。控制要求为：变化炉出口一氧化碳含量<3.5%。影响变换生产过程的扰动有半水煤气流量、温度、成分，水蒸气压力和温度、冷激水量和催化剂活性等。影响变换反应的主要因素是半水煤气和水蒸气的配比。为此，设计以变换炉出口一氧化碳含量为主被控变量，水蒸气和半水煤气比值为串级副环的变化值控制系统。其中，半水煤气为主动量，水蒸气为从动量。

7.3.2　工艺参数为间接被控变量

在反应器的工艺参数中，通常选用反应温度作为间接被控变量。常用的控制方案如下。

(1)进料温度控制：如图 7.1 所示，物料经预热器(或冷却器)进入釜式反应器。这类控制方案通过改变进入预热器(或冷却器)的热剂量(或冷却量)，来改变进入反应器的物料温度，达到维持反应器内温度恒定的目的。

(2)改变传热量：大多数反应器有传热面，用于引入或移去反应热，所以采用改变传热量的方法可实现温度控制。例如，图 7.2 所示的夹套反应釜控制，当釜内温度改变时，可通过改变加热剂(或冷却剂)流量来控制釜内温度。该控制方案结构简单，仪表投资少，但因反应釜容量大，温度滞后严重，尤其在进行聚合反应时，釜内物料黏度大，热传递差，混合不易均匀，使温度控制难以达到较高精确度。

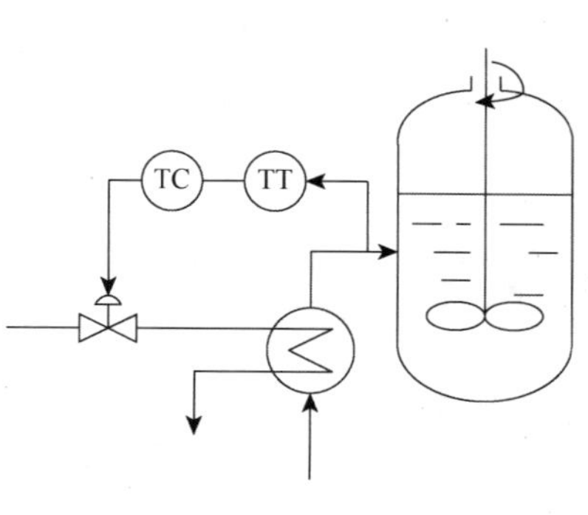

图 7.1　进料温度控制

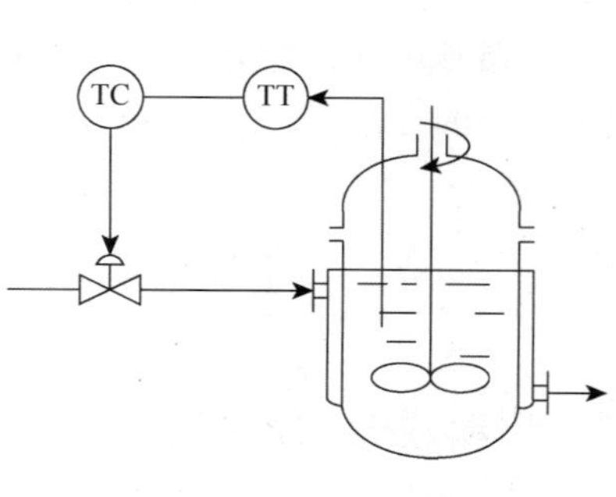

图 7.2　改变传热量的控制

(3)串级控制：将反应器的扰动引入到串级控制系统的副环，使扰动得以迅速克服。例如，釜温与冷剂(或热剂)流量的串级控制系统［图 7.3(a)］，釜温与夹套温度的串级控制系统［图 7.3(b)］，釜温与釜压的串级控制系统［图 7.3(c)］等。

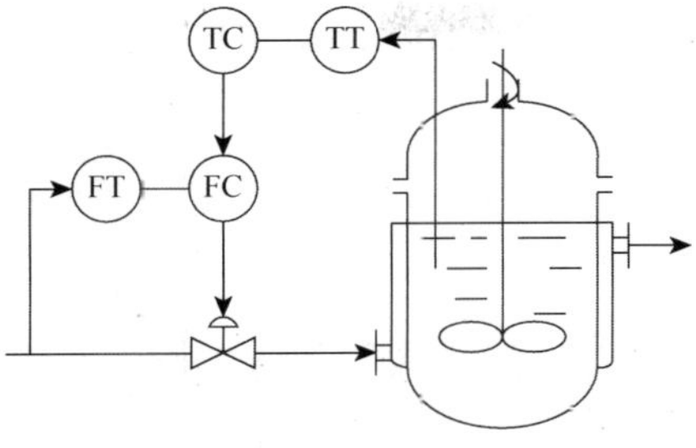

(a) 釜温和冷剂流量串级

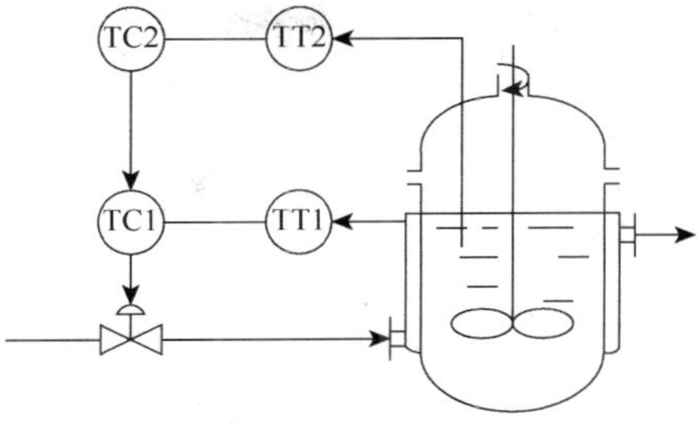

(b) 釜温与夹套温度串级

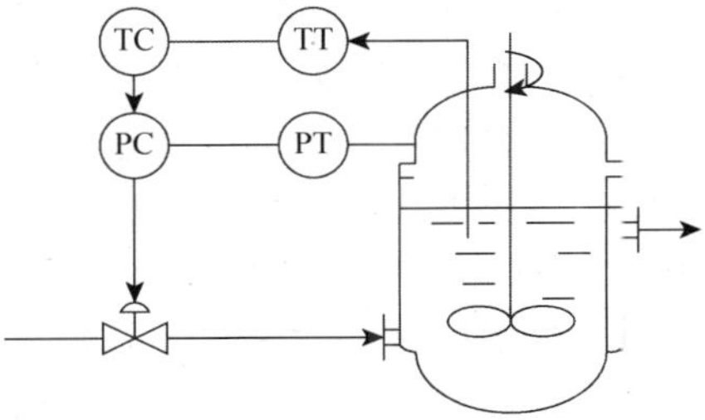

(c) 釜温与釜压串级

图 7.3　反应器温度的串级控制系统

(4) 前馈控制：进料流量变化较大时，应引入进料流量的前馈信号，组成前馈-反馈控制系统。例如，图 7.4 所示的釜式反应器，前馈控制器的控制规律是 PD 控制。由于温度控制器采用积分外反馈防止积分饱和，因此，前馈控制器输出采用直流分量滤波。

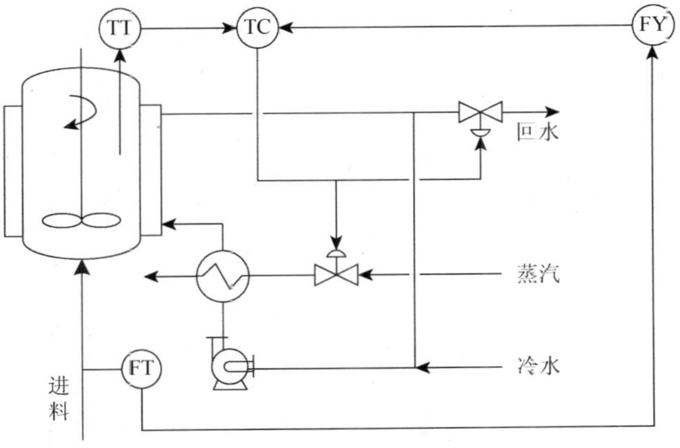

图 7.4　反应器带前馈的分程控制系统

(5) 分程控制：采用分程控制系统除了可扩大可调范围外，对一些聚合反应器的控制也常采用。这些反应在反应初期要加热升温，反应过程正常运行时，要根据反应温度进行加热或除热。例如，图 7.4 所示的聚合反应器就采用分程控制系统，通过控制回水和蒸汽量来调节反应温度。

7.3.3　pH 控制

酸碱中和反应是反应过程中常见的一类反应，pH 控制是该类反应过程的重要控制。pH 是反应过程的质量指标，由于 pH 与中和液之间存在非线性关系，如图 7.5 所示，故 pH 的测量环节具有时滞特性。因此，对 pH 控制有一定困难。

首先，pH 过程的特性不能通过选择控制阀的流量特性来补偿，通常采用非线性控制规律实现 pH 过程特性的补偿。例如，由欣斯基(Shinsky)提出的三段式非线性控制器，其基本原理是控制器用三段不同的增益补偿 pH 过程增益的变化，使控制系统总开环增益保持基本不变，满足系统稳定运行的准则。pH 过程的设定值通常控制在 pH＝7，因此，pH 偏差小时过程的增益大，偏差大时过程增益小。为此，三段式非线性控制器的增益应设计成偏差大时增益大，偏差小时增益小。

图 7.6 所示为正作用的三段式非线性控制器偏差与输出之间的关系曲线。也可采用其他非线性控制规律的控制器。例如，可采用如下规律的比例积分控制器。

$$u(t) = K_c\left[e(t)\left|e(t)\right| + \frac{1}{T_i}\int_0^t e(t)\,\mathrm{d}\tau \right] + u_0 \tag{7.2}$$

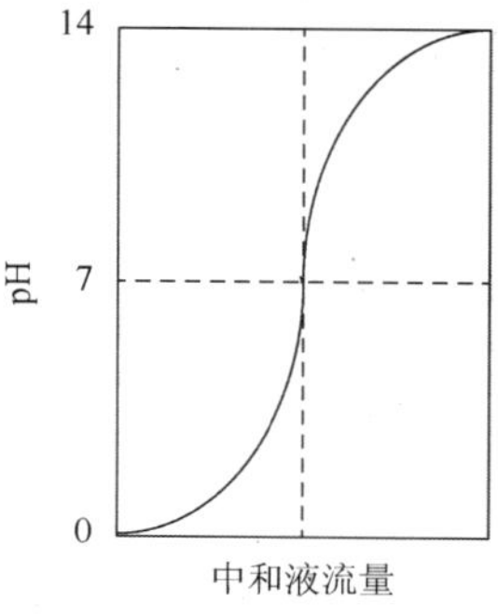

图 7.5　中和过程滴定曲线

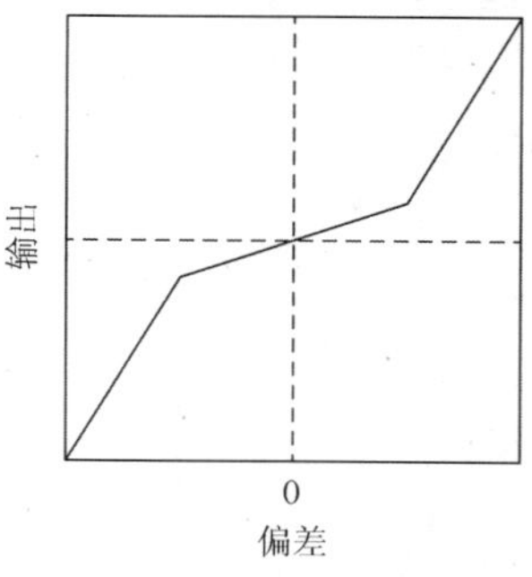

图 7.6　三段式非线性控制器

采用 DCS 或计算机控制装置可方便地实现非线性控制规律，近年推出的智能阀门定位器也将非线性补偿环节设置在前向通道，使非线性环节的实现变得容易。为较好地补偿 pH 过程的非线性特性，使系统开环总增益保持不变，可对 pH 过程的非线性特性进行测试。通过测量不同 pH 稳态值处中和液流量的变化量 ΔF 和

pH 的变化量 ΔpH，计算其变化量的斜率，即增益，则控制器的增益与所计算的增益倒数成正比。

其次，pH 测量环节存在较严重的时滞。因此，实施 pH 控制时，可采用减小测量环节时滞的一些措施。例如，采用外部的循环泵将被测量液体连续采出等。还可采用加大时间常数的方法，缓和 pH 的变化。一般不采用简单控制系统，可采用时滞补偿控制系统。

此外，pH 控制系统也可采用分程控制方案，其中，大阀进行粗调，小阀进行细调。这种控制方案适用于 pH 变化范围较大的场合。采用流加的工艺过程，如发酵过程中，由于底物和流加物的量不断增加，这时 pH 控制应采用自适应控制或采用前馈-反馈控制，以适应流量的变化。

7.3.4　常用固定床和流化床反应器的控制

1. 固定床反应器

固定床反应器中的催化剂床层固定于设备中，流体原料在催化剂作用下进行化学反应。任何一个化学反应都有自己的最适宜温度。最适宜温度综合考虑了化学反应速率、化学平衡和催化剂活性等因素。最适宜温度通常是转化率的函数。常见的温度控制方案有下列几种。

1) 改变进料浓度

对放热反应来说，原料浓度越高，化学反应放热量越大，反应后温度也越高。以硝酸生产为例，当氨浓度在 9%～11%范围内时，氨含量每增加 1%可使反应温度提高 60～70℃。图 7.7 是通过改变进料浓度以保证反应温度，改变氨和空气比值就相当于改变进料的氨浓度，是一变比值控制。

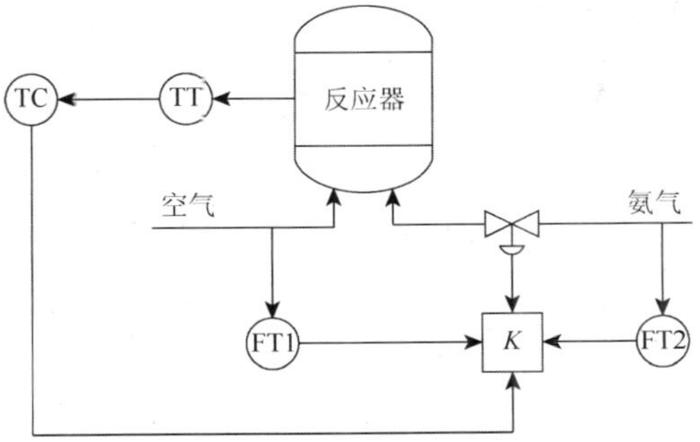

图 7.7　改变进料浓度控制反应温度

2) 改变进料温度

改变进料温度，整个床层温度就会变化，这是由于进入反应器的总热量随进料温度变化而改变。若原料进反应器前需预热，可通过改变进入换热器的载热体流量，以控制反应床层的温度，如图 7.8 所示，也有按图 7.9 所示方案用改变旁路流量大小来控制床层温度的。

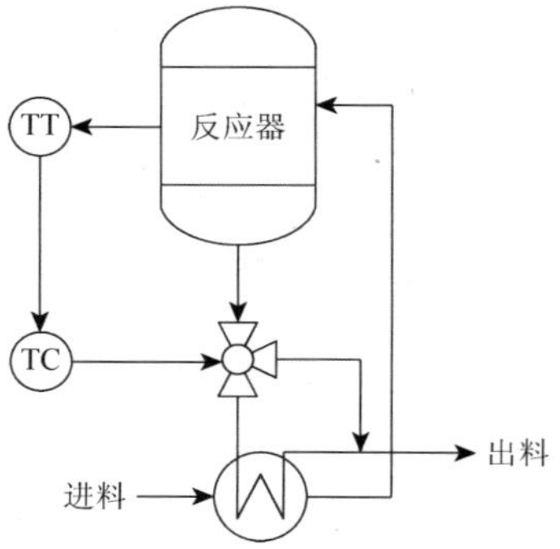

图 7.8 载热体流量控制温度

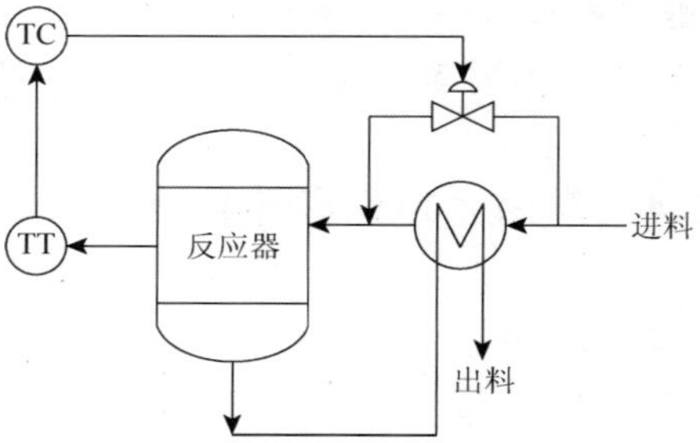

图 7.9 旁路控制温度

3) 改变段间温度

在多段反应器中，可将部分原料气不经预热直接进入段间，与上一段反应后的热气体混合，从而降低了下一段入口气体的温度。图 7.10 所示为硫酸生产中用 SO_2 氧化成 SO_3 的固定床反应器温度控制方案。该方案由于冷的那一部分原料气少经过一段催化剂层，所以原料气总的转化率有所降低。

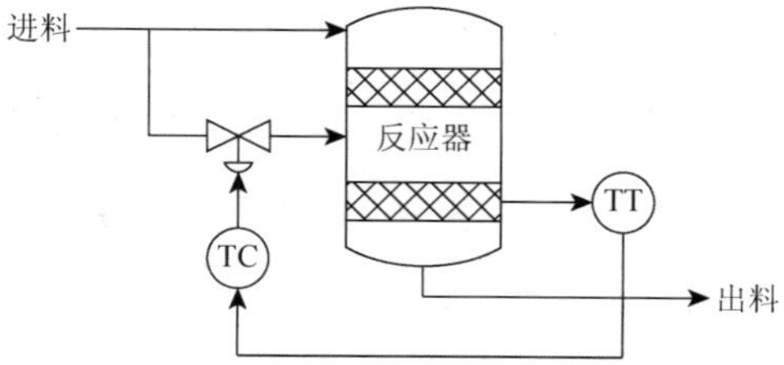

图 7.10 改变段间冷气量控制温度

2. 流化床反应器

流化床反应器底部装有多孔筛板，催化剂呈粉末状放在筛板上，当从底部进入的原料气流速达到一定值时，催化剂开始上升呈沸腾状，这种现象称为固体流态化。催化剂沸腾后，由于搅动剧烈，因而传质、传热和反应强度都高，并且有利于连续化和自动化生产。

与固定床反应器的自动控制相似，流化床反应器的温度控制是十分重要的。为了自动控制流化床的温度，可以通过改变原料入口温度，如图 7.11 所示。也可以通过改变进入流化床的冷剂流量，以控制流化床反应器内的温度，如图 7.12 所示。

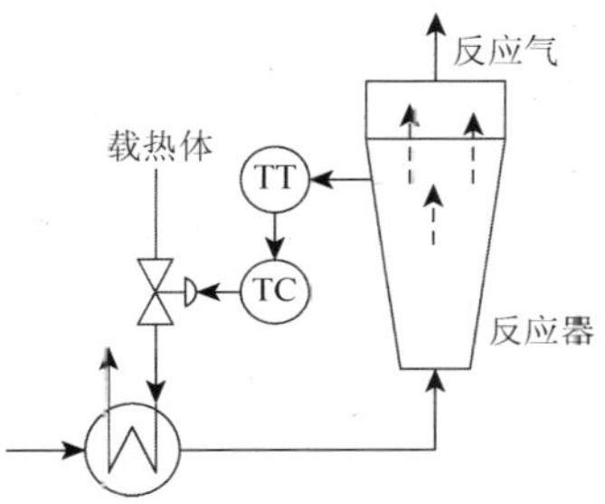

图 7.11　改变进料温度控制反应器温度

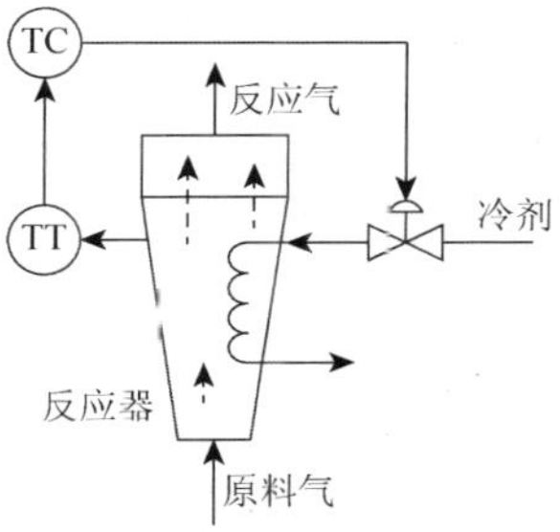

图 7.12　改变冷剂流量控制反应器温度

7.3.5　化学反应器的推断控制

采用在线分析仪表检测化学反应器的产品质量指标，具有滞后大、维护难、价格贵等缺点，因此，大多数反应器的产品质量指标采用间接指标(如采用反应温度)。随着计算机技术的发展，软测量和推断控制技术正越来越广泛地被用于工业过程产品质量控制指标的检测。

示例：流化床干燥器湿含量的推断控制。

流化床干燥器的主要质量指标是物料出口湿含量，因为固体颗粒的湿含量难于直接测量，所以采用推断控制方法进行控制。

根据工艺机理，固体颗粒湿含量 x 与入口温度(T_i)、出口温度(T_o)及湿球温度 T_w 有如下关系：

$$x=\frac{x_c Gc}{H_v \gamma A}\ln\left(\frac{T_i - T_w}{T_o - T_w}\right) \tag{7.3}$$

式中：x_c 为减速和恒速干燥的临界含水量；G 为空气流量；c 为空气比热容；H_v 为水的潜热；γ 为传质系数；A 为固体颗粒的表面积。

实际运行时，对数项前的系数基本不变，可作为常数处理，因此，湿含量 x

仅与入口温度、出口温度和湿球温度有关。但湿球温度 T_w 的测量有困难，在较高温度，湿球温度是入口干球温度的函数，而受湿度影响较小，因此，针对特定的物料湿含量 x，可建立 T_o 与 T_i 的关系曲线。只要控制 T_o 与 T_i 符合某一关系，就能将湿含量控制在相应数值。

将所建立 T_o 与 T_i 的关系曲线用可调整斜率 R 和截距 b 的直线近似，即

$$T_{os}=b+RT_i$$

式中：T_{os} 为出口温度希望的设定值，斜率 R 和截距 b 由关系曲线确定，并在现场进行适当调整。

考虑到入口温度变化到出口温度变化之间的时滞，在计算 T_{os} 前，应对入口温度进行延时。流化床干燥器出口物料湿含量的推断控制系统如图 7.13 所示。

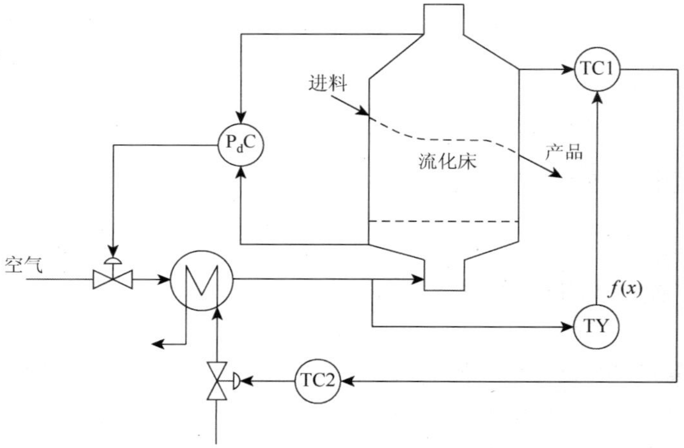

图 7.13　流化床干燥器湿含量推断控制

图中，TY 用于根据 T_o 与 T_i 的关系曲线计算出口温度希望的设定值，其中包含了对入口温度的延时功能。TC1 是出口温度控制器，TC2 是入口温度控制器，P_dC 是干燥器压降控制器。

控制系统框图如图 7.14 所示。图中，TY 用于实现推断控制运算。根据框图，当因扰动引起入口温度升高后，经推断运算回路，使出口温度希望的设定值升高，经主控制回路，使入口温度进一步升高，因此，图中上面的回路是正反馈控制系统，而下面的串级控制系统是负反馈控制系统。只有负反馈回路的控制作用大于正反馈控制回路的控制作用，控制系统才能稳定，为此，在 TY 中引入时滞，用于延时入口温度的变化，其数值应大于主控制器的积分时间；调整推断运算环节中斜率(增益)的数值，使其满足静态时，总正反馈增益小于总负反馈增益。

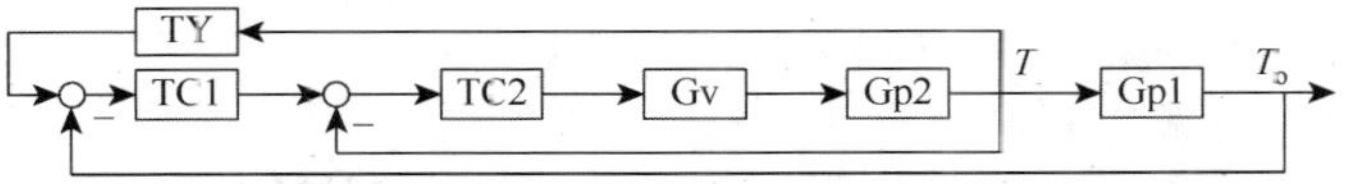

图 7.14 流化床控制系统框图

7.3.6 稳定外围的控制

稳定外围控制是尽可能使进入反应器的每个过程变量保持在规定数值范围，它使反应器处于所需操作条件，产品的质量满足工艺要求。通常，稳定外围的控制依据物料平衡和能量平衡进行，主要包括：进入反应器的物料流量控制或物料流量的比值控制；反应器出料的反应器液位控制或反应器压力控制；稳定反应器热量平衡的入口温度控制，或加入(移去)热量的控制。

示例：合成氨转化炉的稳定外围控制。

石脑油为原料的一段转化炉内进行如下反应：

$$C_nH_{2n+2}+\frac{n-1}{2}H_2O\longrightarrow\frac{3n+1}{4}CH_4+\frac{n-1}{4}CO_2 \tag{7.4}$$

$$CH_4+H_2O\rightleftharpoons CO+3H_2+Q \tag{7.5}$$

甲烷转化为一氧化碳的反应是强吸热反应，由炉管外的烧嘴燃烧燃料供给热量。转化过程的控制指标是：出口气体中甲烷含量符合工艺要求；出口气体中氢氮比符合工艺要求。为此，组成稳定外围的控制系统并由下列主要控制系统组成，如图 7.15 所示。

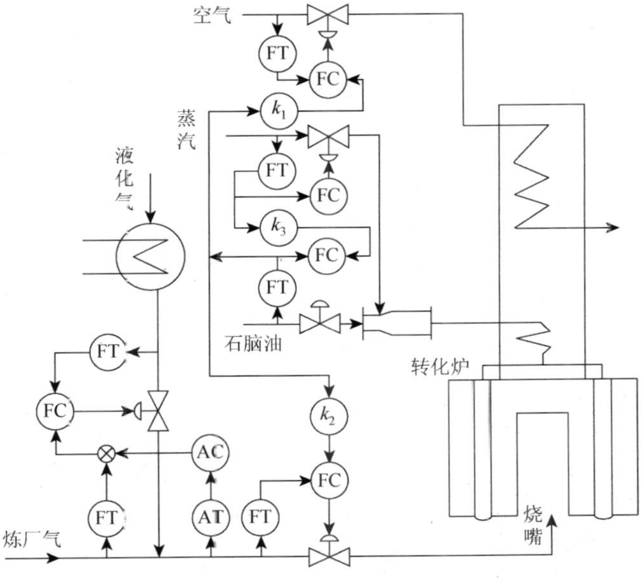

图 7.15 一段转化炉的稳定外围控制

(1)进料流量控制：对各进料流量进行闭环控制。包括原料石脑油、水蒸气和空气，以及总燃料量等流量的闭环控制。

(2)保证蒸汽、空气和石脑油之间的比值控制：以水蒸气流量作为主动量，石脑油作为从动量(比值 k_3)，组成双闭环比值控制系统；以石脑油流量作为主动量，空气作为从动量(比值 k_1)，组成双闭环比值控制系统。

(3)热量控制：以石脑油流量作为主动量，总燃料量作为从动量(比值 k_2)，组成双闭环比值控制系统，保证供热量与原料量的配比。该系统采用两种燃料：炼厂气和液化气。液化气的热值高，炼厂气的热值低，因此，根据热值分析仪 AT 的数值，经热值控制器调整炼厂气和液化气的比值。其中，炼厂气是主动量，液化气是从动量和串级控制系统的副被控变量，热值是串级控制系统的主被控变量，组成变化值控制系统，保证热值恒定，从而间接保证了出口气中残余甲烷含量满足工艺要求。

(4)压力控制：控制炉管内物料的压力，保证反应器出口气体流量的稳定，图中未画出。

第 8 章　典型工业生产过程控制

8.1　合成氨过程控制

8.1.1　合成氨

合成氨是以氮气和氢气为原料，在高温、高压和催化剂存在的条件下直接合成氨气的过程。合成氨过程的氮气来源于空气，可以在低温下将空气液化分离得到，也可以通过在制氢过程中加入空气的方法提供，合成氨生产方式大多应用后一种。

氢气可通过电解水得到，但因此法电能消耗太大，成本高而受到限制。目前工业上氢气的生产方法是由水蒸气在高温下与燃料发生化学反应而制取。因此，合成氨工业的初始原料是煤、天然气、石油及重油等燃料，也包括煤加工产物焦炭和焦炉气。

除电解水方法以外，不管用什么方法得到的粗原料气中都含有硫化合物、CO 和 CO_2 等，这些物质都会使合成氨过程的催化剂中毒，在把粗原料气送去合成以前，需将这些杂质除去。因此，合成氨的生产过程就包括原料气的制备、净化和氨的催化合成三个步骤。工业上因所用原料不同，在原料气制备方法上有很大的不同，净化和催化合成过程的差异相对较小。图 8.1 为合成氨的三种典型流程。

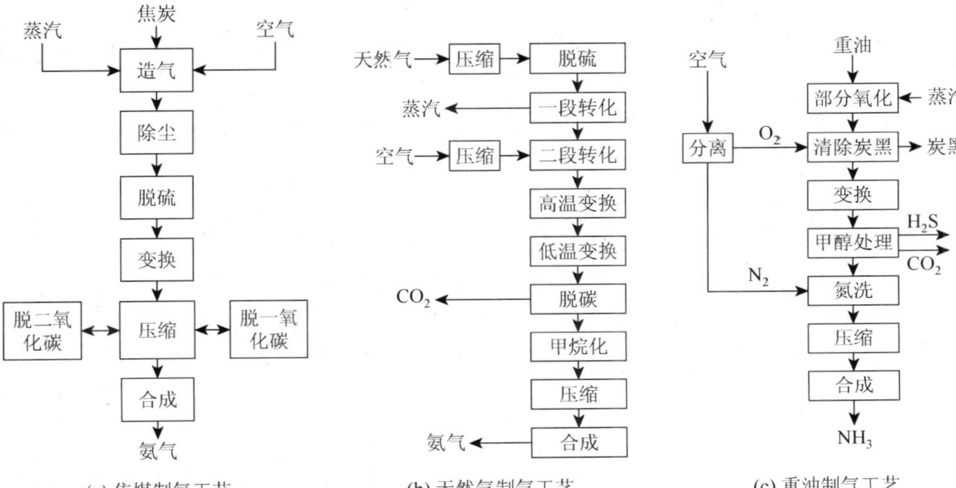

图 8.1　合成氨的三种典型流程

8.1.2 控制系统组成

合成氨的生产过程是一个典型的化工生产过程。从 19 世纪 60 年代国外的合成氨厂设计并利用了世界上第一个计算机闭环控制系统起，目前世界上已有许多氨厂装备了计算机控制系统来控制生产过程。生产技术和工艺过程日趋复杂，生产规模不断扩大，对过程的控制也提出了更高要求。合成氨控制是一个非常复杂的问题，在此对合成氨生产过程中的主要控制系统作简单介绍。

1. 变换炉的控制

合成氨生产过程中变换工序是一个重要环节。由于 CO 会使合成氨的催化剂中毒，因此可以将 CO 变换成易于除去的 CO_2 和合成需要的 H_2。变换工序就是将 CO 和水蒸气反应，变换为 H_2 和 CO_2。转换过程的主要反应为

$$CO+H_2O \rightleftharpoons CO_2+H_2+Q$$

1) 变换炉的变比值控制

有时，可直接根据变换气出口气体中 CO 浓度，采用变比值控制系统。根据变换反应机理，将反应物流量按一定比值控制，再根据 CO 浓度及时调整比值设定值。

根据工艺测试分析，变换炉出口 CO 含量一定时，不同负荷(半水煤气)下，水蒸气和半水煤气的比值并非定值，而满足近似的平方关系

$$Q_{H_2O} \approx kQ_{CO}^2 \tag{8.1}$$

为此，在设计比值控制系统时，工艺比值系数 k 定为 $k=\dfrac{Q_{H_2O}}{Q_{CO}^2}$；在仪表系统的设计中，水蒸气流量测量采用差压变送器，半水煤气流量测量采用差压变送器但不加开方器，仪表比值系数 $k'=k\dfrac{Q_{CO\max}}{Q_{H_2O\max}}$。

该控制系统投运后，对半水煤气成分变化、触媒活性变化等扰动对反应的影响都有较好的克服能力。对变换炉出口气体进行净化处理，并对分析仪表进行定期维护是控制系统正常运作的前提。控制通道时间常数较采用入口温度或一段温度控制的控制通道时间常数小，因此控制质量较好。

2) 变换炉的优化控制

变换炉的生产过程流程可见图 8.2。变换炉的控制目标是使变换炉出口气体中 CO 浓度 X_{CO} 低于允许值。影响 CO 浓度的扰动变量有：变换炉入口气体温度 T_{in}，

入口气体组成 C_{in}，空速 S_V，触媒活性 AF 等。一般选择操纵变量为入口气体温度 T_{in}，可通过调节废热锅炉旁路流量来控制。控制目标 X_{CO} 与扰动变量、操纵变量间的函数关系表示为

$$X_{CO}=f_1(T_{in}, C_{in}, S_V, AF) \tag{8.2}$$

优化目标函数为

$$J=\min(X_{CO}) \tag{8.3}$$

求得的最优化入口温度设定值为

$$T_{inop}=f_2(C_{in}, S_V, AF) \tag{8.4}$$

对式(8.4)进行线性化，得到近似的增量式线性控制模型为

$$\Delta T_{inop}=\frac{af_2}{aC_{in}}\Delta C_{in}+\frac{af_2}{aS_V}\Delta S_V+\frac{af_2}{aAF}\Delta AF=K_1\Delta C_{in}+K_2\Delta S_V+K_3\Delta AF \tag{8.5}$$

图 8.2 所示为该生产过程的优化控制框图。根据式(8.5)计算变换入口温度优化设定值，可组成交换炉入口温度的监督控制系统，实现静态优化控制。该控制系统的实质是多变量前馈控制系统。

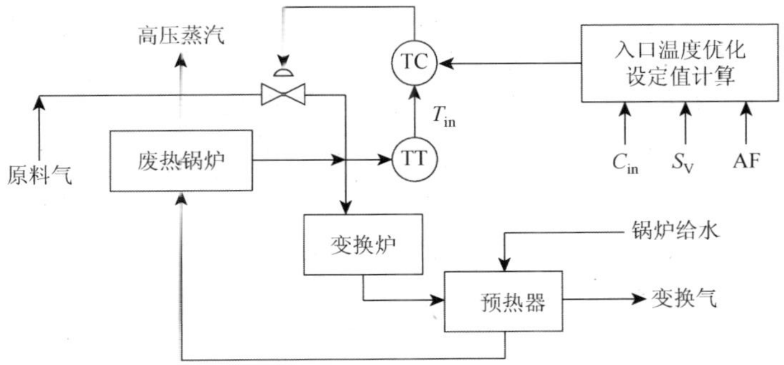

图 8.2 变换炉最优控制框图

2. 转化炉水碳比控制

水碳比是转化工段一个十分关键的工艺控制参数。水碳比指进口气中水蒸气和含烃原料中碳分子总数之比。水碳比过低会造成一段触媒的结炭。由于进口气中总碳的分析与测定有一定困难，因此，用进料总量作为间接被控变量。

一段转化炉水碳比控制可采用水蒸气和原料气两个流量的单闭环控制系统，但因没有比值计算和显示，通常需要设置相应的水碳比报警和连锁系统，防止水碳比过低造成催化剂结炭。

通常，一段转化炉水碳比控制采用水碳比的比值控制系统，有以下 3 种不同的实施方案。

1) 以水定碳的比值控制系统

该比值控制系统的主动量是水蒸气流量，原料气(油)流量作为从动动量，组成双闭环比值控制系统，如图 8.3(a)所示。图中，乘法器 FY 实现比值函数运算，1 表示水蒸气，2 表示原料气(油)。该控制方案能够保证水碳比恒定。当水蒸气不足时，能够使原料气(油)随之减小。

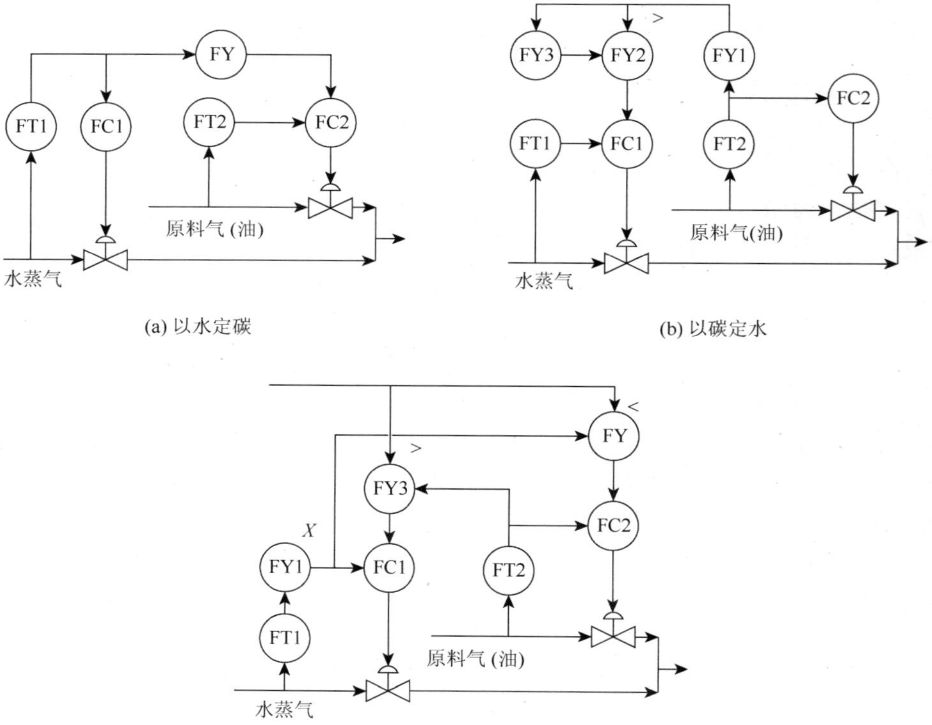

(a) 以水定碳　(b) 以碳定水　(c) 逻辑比值

图 8.3　一段转化炉水碳比控制系统

2) 以碳定水的比值控制系统

该比值控制系统的主动量是原料气(油)流量，水蒸气流量作为从动量，组成双闭环比值控制系统，如图 8.3(b)所示。图中，乘法器 FY1 实现比值函数运算，增加高选器 FY2 和滞后环节 FY3。当原料气(油)流量增加时，经高选器使水蒸气流量也增加，但当原料气(油)流量减少时，由于滞后环节输出还在高值，水蒸气流量要滞后一段时间再减小，因此，不会因水碳比过低而触媒结炭。

3) 水碳比的逻辑提量和减量控制系统

图 8.3(c)所示比值控制系统与 5.4 节介绍的逻辑提量和减量控制系统相同。提量控制时，能够保证先增加水蒸气流量，再增加原料气(油)流量；减量控制时，先减原料气(油)流量，再减小水蒸气流量。防止了触媒结炭的发生，保证安全生产。

在比值控制系统中，对水蒸气和原料气(油)进行流量测量，如果物料的温度、压力或成分有较大变化时，需要进行温度和压力补偿，以补偿因密度变化造成的影响，从而提高测量精确度。

8.1.3　合成塔的控制

氨合成塔是氮气和氢气在高压、高温和催化条件下发生反应合成氨的设备。氨合成塔是合成氨厂的核心设备，是一种结构复杂的反应器。合成塔的控制主要有氢氮比控制、合成塔温度控制和合成弛放气控制等。

1. 氢氮比控制

合成氨的反应式为 $3H_2 + N_2 \rightleftharpoons 2NH_3$，氨合成反应以氢氮比 3∶1 消耗，一旦新鲜气中的氢氮比偏离设定比值，则多余的氢或氮就会积存，经不断循环后，回路中的氢氮比越来越偏离设定的比值，而不能恢复平衡。

氢氮比控制的操纵变量是二段转化炉入口加入的空气量，整个调节通道很长，时间常数大，从空气加入经二段转化炉、变换炉、脱碳系统、甲烷化及压缩，最后进行合成反应的时滞很大。为此，设计如图 8.4 所示的以合成塔进口气中氢氮

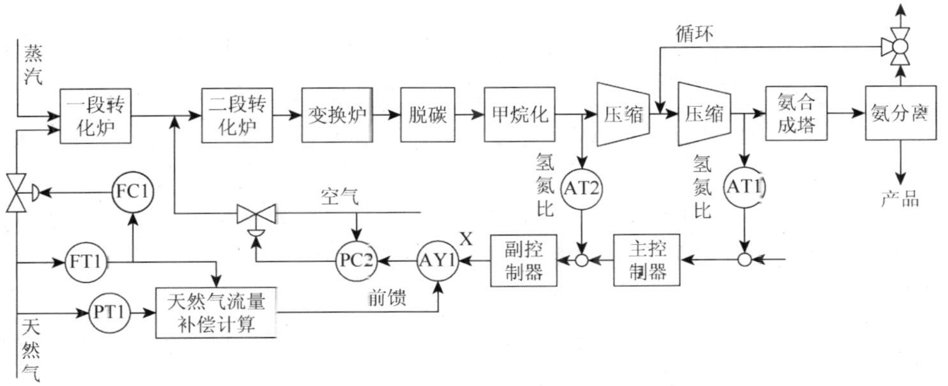

图 8.4　合成反应过程的氢氮比串级变比值控制系统

比为主被控变量，以新鲜气中氢氮比为副被控变量的串级控制系统。

考虑到天然气原料流量波动的影响，引入了原料流量的前馈信号，组成串级前馈控制系统。图中，AT 是氢气分析器，FC 是流量控制器，FT 是流量变送器，PT 是天然气压力变送器，AY 是乘法器，实现变比值运算。

2. 合成塔温度控制

为保证合成反应稳定运行，要求控制好合成塔触媒层的温度，以便提高合成转化率，延长触媒使用寿命。温度控制方案有多种，图 8.5 所示为其中的一种控制方案。

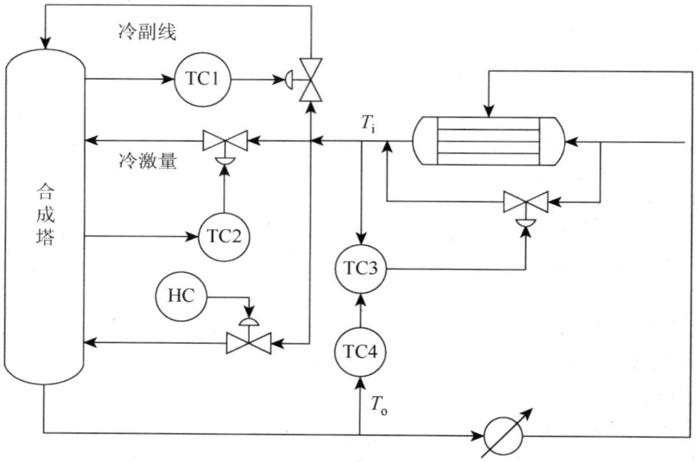

图 8.5　合成塔温度控制

图中，TC1 是合成塔入口温度控制器，被控变量是合成塔入口温度，操纵变量是冷副线流量。因合成气刚入塔，离化学平衡有距离，应提高反应速率。入口温度过低，不利于反应进行；入口温度过高，则反应速率过快，床温上升过猛，影响触媒使用寿命。HC 是手动控制器。

TC2 是合成塔触媒床层温度控制器，被控变量是触媒床层温度，操纵变量是冷激量，因第二层触媒中化学平衡成为主要矛盾，所以应控制床层温度，以反映化学平衡的状况。

TC3 和 TC4 组成串级控制系统，主被控变量是合成塔出口温度 T_o，副被控变量是入口温度 T_i，操纵变量是入口换热器的旁路流量。根据热量平衡关系，入口

温度为 T_i 的气体在合成反应中获得热量，温度升高到 T_c。出口温度低表示反应转化率低，反应的热量不够，为此应提高整个床层温度，即提高入口气体的热焓，或提高入口温度控制器的设定值。反之，反应过激时，应降低入口温度设定，使整个床层温度下降。由于要兼顾出口温度和入口温度，因此，对主、副控制器的参数应整定得较松些。

3. 合成弛放气控制

合成生产过程采用循环流程，新鲜气中带有少量惰性气体(CH_4+Ar)，它们不参加反应，但在氨气分离时因温度不够低而不能被分离出来。随着循环过程的进行，惰性气体将不断累积，不利于反应的进行，为此应使用弛放气放空的方式适量排放惰性气体，使合成塔运行在较高转化率的工况。因排放过程中部分有用气体也随之排放，为此应加以控制。

图 8.6 所示为弛放气控制示意图。采用选择性控制系统和串级控制相结合的控制方案。正常情况下，由回路中惰性气体分率作为主被控变量，弛放气流量作为副被控变量，操纵变量是弛放气流量。惰性气体分率是采用全组分色谱仪测出合成回路中各组分分率，再将甲烷和氩分率相加后作为主被控变量，采用串级控制可改善被控对角的动态特性，获得较好的控制品质。当合成回路的压力过高时，通过高选器 HS，选中压力控制器输出，组成合成回路压力与弛放气流量的串级控制，及时增加弛放气的排放量，降低压力，直到压力恢复到正常范围后，再切回到惰性气分率的控制。

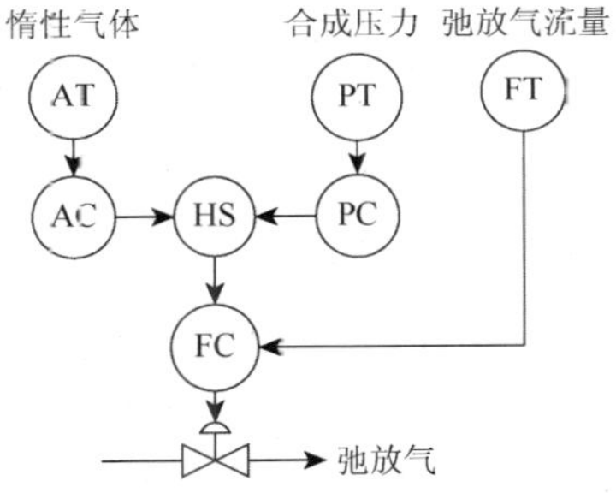

图 8.6　弛放气控制系统

8.2　常减压过程控制

8.2.1　常减压过程的特点

常减压装置是常压蒸馏和减压蒸馏两个装置的总称。常减压蒸馏过程分为三段，即初馏、常压蒸馏和减压蒸馏。常减压装置常用于生产各种燃料油和润滑油。常见的流程如图 8.7 所示。

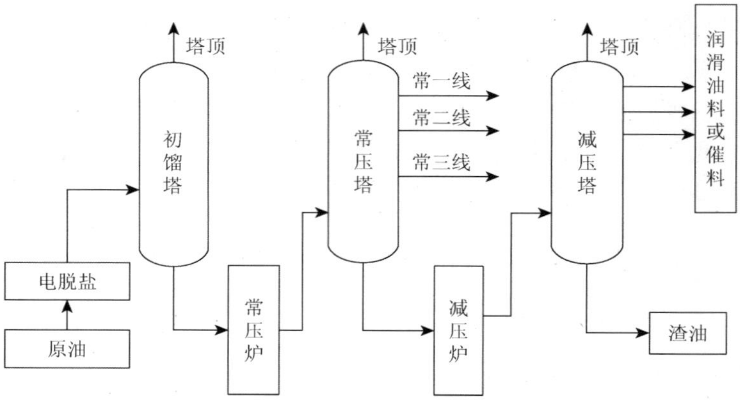

图 8.7　常减压装置流程图

1. 初馏

脱盐、脱水后的原油经换热后以 220～240℃进入初馏塔(预汽化塔)，从塔顶以气态馏出初馏点约 130℃的馏分作为重整原料或更重的汽油，经过冷却后部分作为回流，侧线不出产品。

2. 常压蒸馏

初馏塔底的原油经常压加热炉加热到 360～370℃，进入常压蒸馏塔，塔顶气相经冷凝作为回流。使塔顶温度控制在 90～110℃，塔顶到进料段之间的温度逐渐升高，并利用馏分沸点范围的不同，在塔顶蒸出汽油蒸汽和水蒸气，在常压塔的每段外部设置汽提塔，作为该段精馏的提留段，从而在侧一线、侧二线和侧三线分别蒸出煤油、轻柴油、重柴油。侧线馏分经常压汽提塔用过热蒸汽提出轻组分后，经换热回收热量，再分别冷却到一定温度送出装置。塔底温度约为 350℃，塔底未汽化的重油用过热蒸汽汽提出轻组分后，作为减压塔进料。

3. 减压蒸馏

常压塔底重油经泵加压送减压加热炉，加热到 140℃，进入减压蒸馏塔，塔顶不出产品，分离出来的不凝汽和水蒸气送大气冷凝器，经冷凝后用二级蒸汽喷射泵抽出不凝汽，使塔压保持在 2.67～10.67kPa，以利于在减压下使油品充分蒸出。塔侧从一线和二线抽出润滑油馏分或裂化原料油，经汽提塔汽提(图中未画出)。换热冷却后，部分作为回流，部分作为产品送出装置。塔底减压渣油也用过热蒸汽汽提出轻组分，提高拔出率，用泵抽出并经换热器冷却送出装置，作为自用燃料或商品燃料油，或作为沥青原料、丙烷脱沥青装置的原料，用于生产重质润滑油和沥青。通常，常压塔的拔出率为 25%～40%，减压塔拔出率约为 30%。

常减压过程的控制主要是加热炉控制、精馏塔的控制等。常减压过程控制的特点如下：

(1) 常压塔和减压塔的控制只有精馏段，因此，按精馏段指标进行控制。

(2) 都有侧线产品，它含有比该分馏组分更轻的组分，为此，每个侧线都有汽提装置，进行蒸汽蒸馏，以获得满意的分馏点。

(3) 进料来自加热炉，因此，进料是两相混合物料进料。

8.2.2　常减压塔的控制

常压系统主要用于生产燃料油，控制要求有严格的馏分组分组成。以提高分馏精确度为主要控制目标，提高常压塔拔出率，降低加热炉热负荷，提高处理能力，为减压塔操作打好基础。主要扰动来自进料量、进料温度(热焓)、回流量或回流比、加热蒸汽温度和流量、过热蒸汽温度和压力等。控制指标主要有常压塔塔顶温度、各侧线的分馏点温度等。

1. 加热炉的控制

因原油加热炉的控制处理量不大，通常用多个支路。由于加热炉燃烧不均匀，各支路出口温度不同。为使出口温度平稳，并使常压塔和减压塔能够平稳操作，需对各支路进行平衡控制，保证各支路流量差不大于约束值，各支路流量和等于总原油处理量的条件下，通过调节支路流量，使支路出口温度差最小。

某加热炉的温度采用广义多变量预测控制实现平衡控制。共有 4 个炉管，计算模块将求和模块 4 个偏置输入分别与常压塔塔底液位控制器输出相加，作为 4 路支路流量控制器设定。常规控制时，将液位控制器输出直接作为流量控制器的设定，4 个偏置输入之和为零，从而保证总流量不变。广义预测控制器的输入是各支路炉管出口温度 T_i 及其平均值 T，输出是支路流量的偏差量 ΔF_i，设支路流量偏差量平均值为 ΔF，则求和模块的各支路输出为 $\Delta F_i - \Delta F$。

实施时，温度平均值计算结果应设置速率限制，以防止温度变化过快造成对出口温度设定的不良影响；进口流量控制阀采用气关型，为防止其开度过小，需设置高限器保证进口流量不小于某一设定限。

2. 常压塔的控制

常压系统主要生产汽油、柴油和煤油等燃料油，要求有严格的馏分组成，因此，常压系统的控制以提高分馏精确度为主。常压塔常用控制回路如图 8.8 所示。

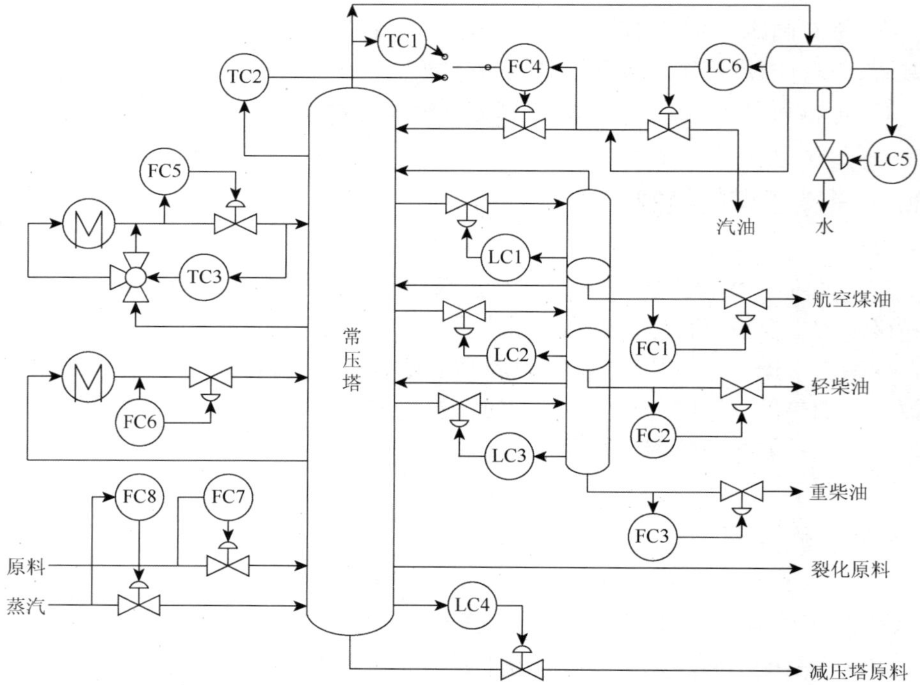

图 8.8　常压塔的基本控制

主要控制回路如下：

(1) 塔顶温度控制：塔顶温度 TC1 与回流量 FC4 组成串级控制系统，保证塔顶馏出产品汽油的质量。当一侧线生产航空煤油时，采用一侧线温度 TC2 与回流量 FC4 组成串级控制系统。

(2) 侧线控制：当塔顶温度恒定、各循环回流量固定时，侧线温度变化不大，因此，采用控制循环回流量恒定的方法间接保证侧线产品质量。控制方法是：加大循环回流量，使侧线馏出量减小，侧线温度就下降。近年来采用软测量技术间接推断侧线产品的质量指标(如柴油干点、常三线 90%点等)，因此，也可采用这些指标进行控制。侧线的采出量采用定值控制。

(3) 塔压控制：常压塔的塔压可不进行控制，直接将冷凝器开口通大气。当采用风冷时，受到环境温度变化的影响较大，会造成冷凝量的改变。当塔顶温度恒定后，常压塔的塔压基本可保持不变。

(4) 过热蒸汽控制：进入塔底的过热蒸汽量应控制恒定，它主要用于将原油中的轻组分吹出。过热蒸汽通常需要控制其压力，以保证汽提塔稳定操作。此外，加热炉出口过热蒸汽温度应控制在 400℃。

(5) 原料量控制：控制原料量主要是控制负荷的大小，根据常压塔设备的生产能力可调整其设定值。由于控制阀安装在加热炉前，因此油温不高，不会出现气相进料。必要时可设置前馈控制，与过热蒸汽量按一定比例变化。进料温度通常由加热炉控制燃料来调节。例如，组成加热炉出口温度(原料入口温度)与炉膛温度的串级控制。

(6) 液位控制：塔底产品是减压塔的进料，因此，对塔底液位采用简单均匀控制或串级均匀控制。汽提塔的液位直接影响汽提塔轻组分的采出，因此，汽提塔液位采用单回路控制系统。它与侧线产品采出量的定值控制系统一起，能够保证侧线温度的稳定。例如，扰动使侧线采出量增大时，侧线温度上升，汽提塔液位也随之上升，液位控制回路关小控制阀，减小了采出量，侧线温度也随之下降。当侧线产品中轻组分增加，侧线温度下降时，汽提塔的入塔流量虽然不变，但因轻组分增加而使汽提出来的量增加，并使液位下降，通过液位控制打开控制阀，加大采出量，从而保持侧线温度稳定。

油水分离器液位采用简单的单回路控制。

3. 减压塔的控制

减压系统生产润滑油馏分或裂化原料，对馏分要求不高，主要要求是在保证馏出油残碳合格的前提下提高拔出率，减少渣油量。因此，提高减压塔汽化段真空度，提高拔出率是其主要控制目标。减压塔的控制与常压塔的控制相似。减压塔常用控制回路如图 8.9 所示。

基本控制回路如下：

(1) 塔压控制：采用二级蒸汽喷射泵，控制蒸汽压力和真空度。

(2) 塔顶温度控制：塔顶不出产品，采用一线油打循环，回流控制塔顶温度，组成一线温度和回流量的串级控制。

(3) 液位控制：与常压塔液位控制相似，汽提塔液位采用单回路控制系统。它与侧线产品采出量的定值控制系统一起，能够保证侧线温度的稳定。

(4) 原料和过热蒸汽的控制：与常压塔控制类似，不再赘述。

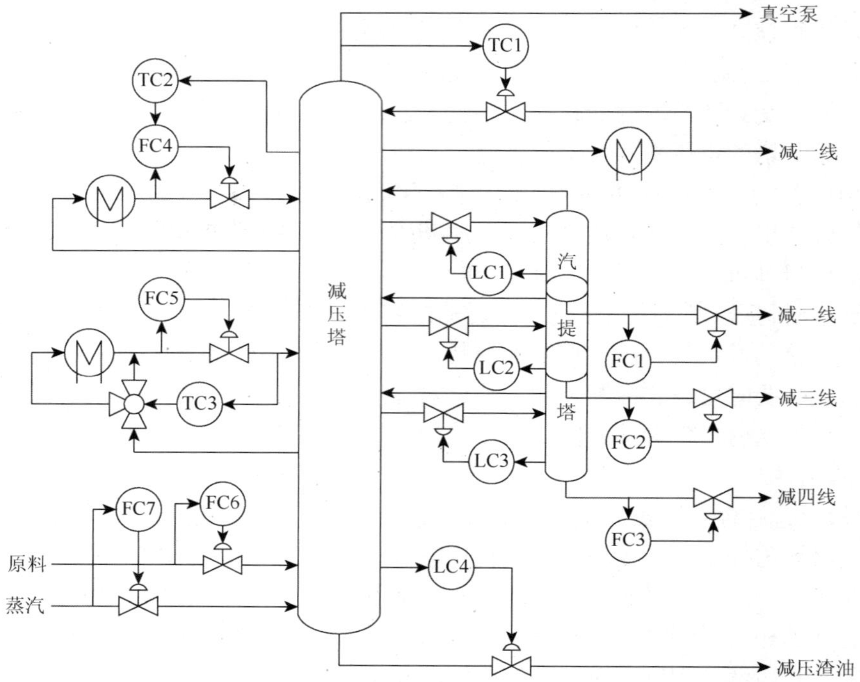

图 8.9　减压塔基本控制

8.3　催化裂化过程控制

8.3.1　催化裂化过程的特点

催化裂化过程是以重油馏分油为原料，在催化剂、450～530℃和 0.1～0.3MPa 条件下，经过裂化、异构化、环化、芳化、脱氢化等一系列反应，生成气体、汽油、柴油、重质油及焦炭的工艺过程。其工艺主要特点是轻质油收率高，可达 70%～80%，气体产率(主要是 C_3、C_4)达 10%～20%，其中，烯烃含量达 50%。催化裂化作为石化炼制企业的主要生产装置，在石油加工中占有相当重要的地位，是实现原油深度加工、提高轻质油(汽油、柴油、液化气)收率、品质和经济效益的有效途径。催化裂化是石油加工过程中重要的二次加工手段。

催化裂化过程通常由反应-再生系统、分馏系统和吸收-稳定系统三部分组成。催化裂化过程的特点如下：

(1) 催化裂化反应是复杂的并行-顺序反应，裂化反应的产物馏分范围宽，因此，反应深度对各产品产率分配有重要影响，为此，必须控制适当的催化裂化过程的转化深度。

(2)催化裂化反应在催化剂条件下进行。由于催化剂活性受到积碳影响，因此，要使反应和再生交替进行。裂化反应是吸热反应，催化剂再生是放热反应，因此，温度控制十分重要。

(3)催化裂化反应过程中有很多过程变量无法检测，如烧焦率、催化剂循环量、催化裂化体积转化率、再生器表观线速度、剂油比等，因此，要采用软测量的方法对这些过程变量进行检测和控制。

8.3.2 催化裂化过程控制系统

1. 反应-再生系统的控制

反应-再生系统是催化裂化过程中最重要的部分。新鲜原料(减压馏分油)经换热后与回炼油混合，进入预热炉预热到 250～279℃，再与来自分馏塔底 350℃油浆混合进入筒式反应器的提升管下部。在提升管内，原料油与来自第二密相床的再生催化剂(700℃左右)接触、迅速汽化并进行反应，生成的油气同催化剂一起向上流动。经提升管出口快速分离器分离后，大部分催化剂被分出落入沉降器下部，携带少量催化剂的油气经三组旋风分离器后分离出少量的催化剂油气进入分馏系统。

油气在分馏塔进行产品的分离，催化剂在气提段经过蒸汽汽提，其中夹带的大部分油气被蒸汽汽提，经汽提后的待生催化剂进入烧焦罐下部。汽提段藏量由待生电动滑阀控制，第二密相床经外循环管进入烧焦罐下部的再生催化剂与待生催化剂一起，与主风机提供的主风混合并烧焦，使催化剂再生，再生后的催化剂与空气、烟气并流进入稀相管进一步烧焦，稀相管出口设置 4 组粗旋风分离器，分离烟气和催化剂。带催化剂的再生烟气经 6 组旋风分离器进一步分离，回收的催化剂进入第二密相床。第二密相床中再生催化剂分两路，一路经再生斜管云提升管反应器，其量由提升管出口温度控制，再生滑阀调节。

另一路经循环管返回烧焦罐，其量由二密藏量控制循环量滑阀调节。再生烟气经外集气室进入余热炉，燃烧后排空。再生器压力由双动滑阀控制，反应器本身不设置控制，而通过反应沉降器的压力反映，并由富气压缩机调速控制。应保持反应器与再生器之间的压差，通常，反应器压力略高于再生器压力，因再生器为烧去积碳，需送入空气。如再生器压力低于反应器压力，就可能使空气进入反应器而发生爆炸，其压差通过再生器出口烟气量调节。图 8.10 所示为分子筛提升管催化裂化装置的反应-再生系统控制流程。

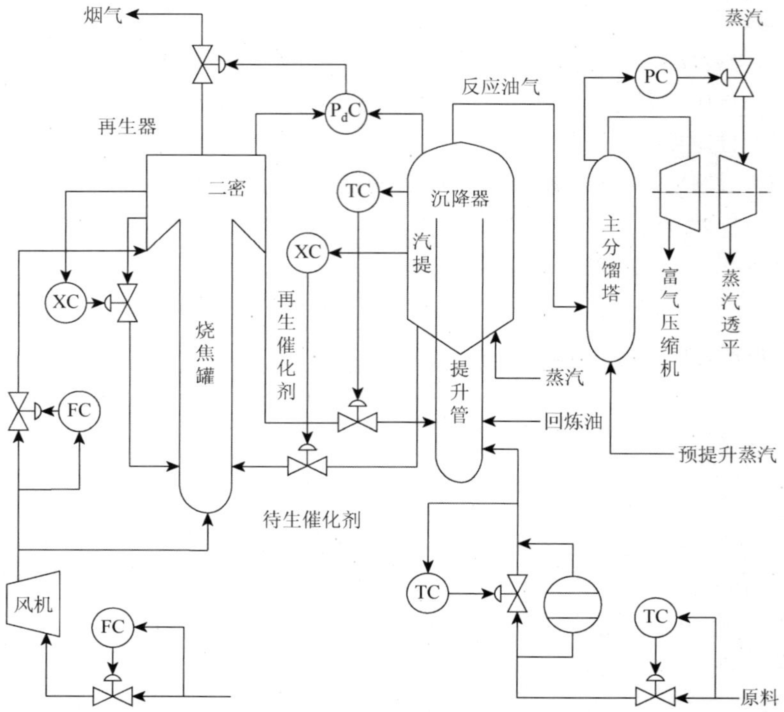

图 8.10　反应-再生系统控制流程简图

除了图 8.10 所示控制系统外，还设置了约束控制，使部分控制成为卡边控制，保证设备安全。例如，再生烟气氧含量控制、再生滑阀开度控制、烧焦罐温度控制、主风机入口流量控制、富气压缩机的控制、再生器一级旋风分离器入口线速度控制等。

一些装置对重要的过程变量(如催化剂循环量、剂油比等)采用软测量技术，进行推断和估计，并应用于生产过程中，取得了很好的效果。

优化控制时，需控制对性能有直接影响的过程变量。为此，采用实沸点曲线预测技术推算馏出物组分和转化率，实现转化率和产率的优化控制。图 8.11 所示为催化裂化过程的优化控制框图。

2. 分馏系统的控制

分馏系统的作用是将反应-再生系统的产物进行分离，得到部分产品和半成品。裂解气分馏塔的进料来自催化反应器的 460℃以上带有催化剂粉末的裂解气，经换热、降温和除尘后，从分馏塔底部以气相进料，经分馏后，塔顶得到富气和粗汽油，侧线在汽提塔中经汽提、换热、冷却后得到轻柴油和重柴油，侧线还产出回炼油，塔底得到渣油。

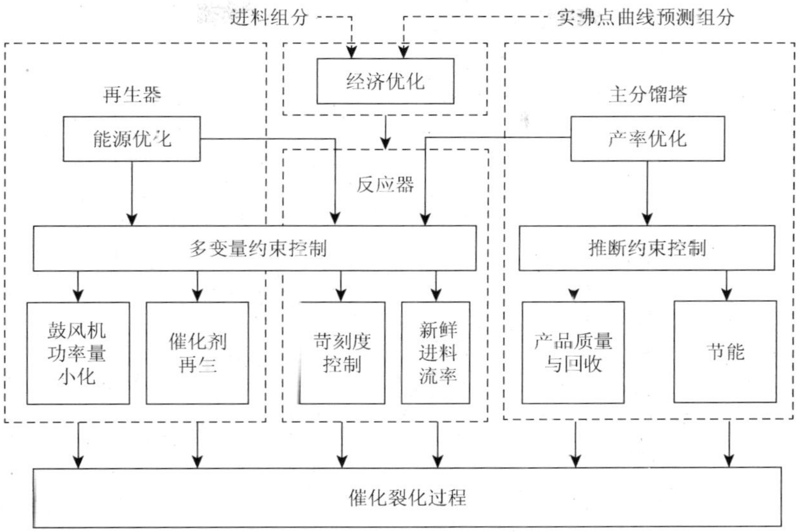

图 8.11　催化裂化过程的优化控制框图

与一般的分馏塔控制类似，采用循环回流控制侧线温度，保证侧线馏分的组分。汽提塔的蒸汽从汽提段底部送入，根据汽提液位控制产品的采储量。塔顶温度采用塔顶温度和回流量的串级控制。

与一般分馏塔不同，由于全塔剩余的热量大，为了取走分馏塔的过剩热量以使塔内气、液相负荷分布均匀，在塔的不同位置分别设有 4 个循环回流。塔顶采用循环回流，中段也采用两个回流，塔底采用渣油回流的方法。为此，设置相应的温度控制系统，或温度和回流量的串级控制系统，塔底则采用液位和流量的单回路控制。塔压控制采用排放富气量控制，粗汽油量采用回流罐液位和馏出量的串级控制。再沸器加热量和塔底采出量采用定值控制。再沸器液位控制进入的载热体流量，保证一定的加热量。裂解气分馏塔的基本控制回路如图 8.12 所示。

3. 吸收-稳定系统的控制

吸收-稳定系统包括吸收解吸塔和稳定塔。从分馏塔塔顶油气分离器出来的富气中带有汽油组分，而粗汽油中则溶解有 C_3、C_4 甚至 C_2 组分。吸收-稳定系统的作用就是利用吸收和精馏的方法将富气和粗汽油分离成干气（$\leqslant C_2$）、液化气（C_3、C_4）和蒸汽压合格稳定的汽油。吸收-稳定系统的基本控制回路如图 8.13 所示。

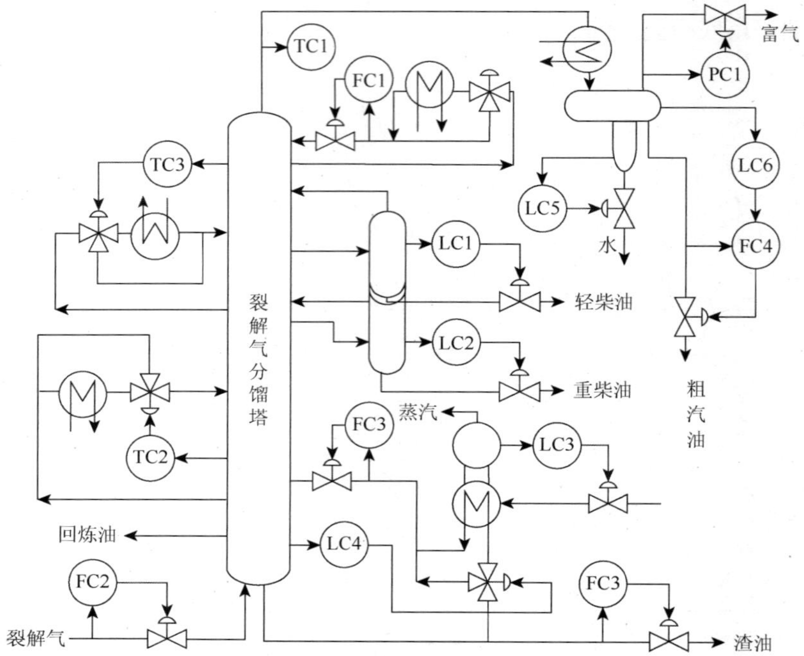

图 8.12　裂解气分馏塔的基本控制回路

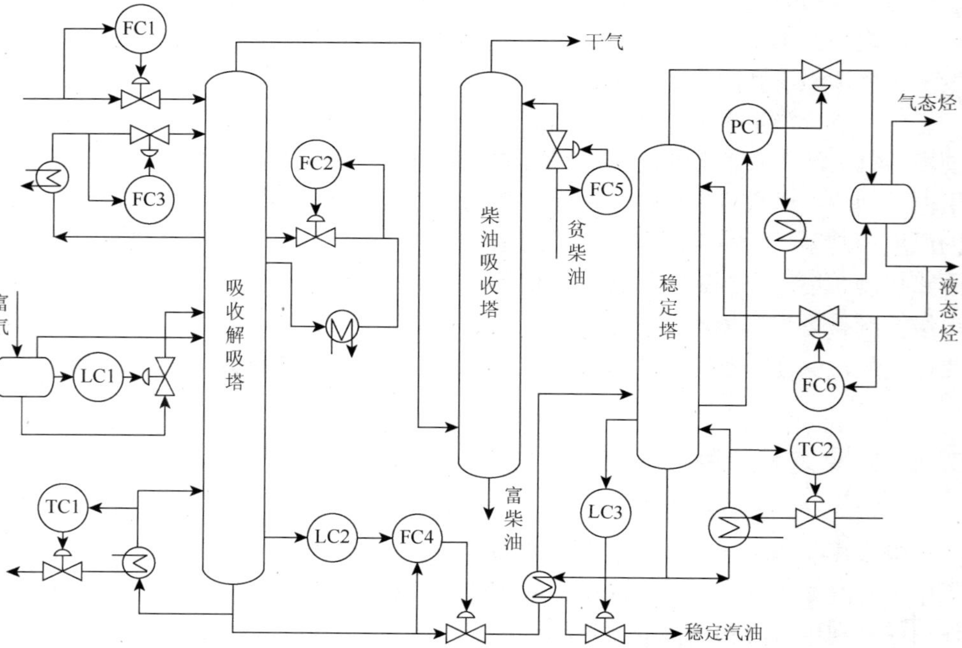

图 8.13　吸收-稳定系统的基本控制回路

吸收解吸塔用稳定汽油(C_3以上组分)为吸收剂，把富气中的C_3、C_4馏分吸收，全塔分两段，上段是吸收段，下段是解吸段。富气从塔中部进入，稳定汽油由塔顶打入，在塔内逆向接触，稳定汽油吸收富气中的C_3、C_4馏分。解吸段的汽油除含C_3、C_4馏分外，还含C_2馏分，它与塔底来的高温蒸汽接触，使汽油中的C_2馏分解吸，从塔顶出来的馏出物是基本脱除C_3以上组分的贫气。

柴油吸收塔的进料是吸收稳定塔的贫气，它从塔底进入，与塔顶进入的来自分馏塔的贫柴油逆向接触，贫柴油作为吸收剂吸收贫气中的汽油。经吸收汽油后的干气从塔顶引出，吸收汽油后的柴油从塔底采出，送回分馏塔。

稳定塔的实质是一个精馏塔。来自吸收解吸塔的吸收了C_3、C_4馏分的汽油从稳定塔的中部进入，塔底产品是蒸汽压合格的稳定汽油，塔顶产品经冷凝后分为液态烃(主要是C_3、C_4馏分)和气态烃($\leqslant C_2$馏分)。液态烃再进行分离，脱除丙烷(脱丙烷塔)、丁烷(脱丁烷塔)、丙烯(脱丙烯塔)等，获得相应的产品。

吸收解吸塔的吸收段设置两个循环回流控制，采用定回流量控制。塔顶加入的稳定汽油量也采用定值控制。进塔的富气分气相和液相进入不同的塔板，液相进料量采用液位均匀控制。再沸器的控制采用恒定塔釜温度调节再沸器加热量的控制方式。塔底采用塔釜液位和出料量的串级均匀控制。

8.4　聚合过程控制

8.4.1　聚合过程的特点

聚合反应是由单体合成聚合物的反应过程。有聚合能力的低分子原料称为单体，相对分子质量较大的聚合原料称为大分子单体。若单体聚合生成相对分子质量较低的低聚物，则称为低聚反应，产物称为低聚物。一种单体的聚合称为均聚合反应，产物称为均聚物。两种或两种以上单体参加的聚合则称为共聚合反应，产物称为共聚物。工业上聚合过程是在聚合反应釜内，在分散剂、缓冲剂、链转移剂、防黏剂、热稳定剂、引发剂和终止剂等助剂作用下，单体在一定温度和压力下聚合成为高分子聚合物的过程。

聚合过程的主要特点如下：

(1) 聚合过程中相对分子质量不断增加，因此，聚合物黏度增大，传热效果下降，反应温度滞后，控制比较困难。

(2) 聚合过程中有大量的助剂，它们的计量十分重要，对聚合过程的进行有一定的影响。此外，一些物料量与另一些物料量之间要按一定比例配制，添加物料时有一定的时间先后顺序或要按一定的逻辑关系。

(3) 聚合过程的反应物具有高温、高压、腐蚀和有毒有害的特点，为此，要设置相应的安全控制措施。

(4)不同配方条件下所获得的聚合物相对分子质量、黏度等物性参数不同，因此，控制系统要适应不同配方控制的要求。

(5)聚合过程是时变过程。随着聚合过程的进行，聚合物黏度不断提高，过程参数不断变化，使控制变得困难。

(6)放热反应的聚合过程是热不稳定性过程。其开环被控过程是不稳定的，因此，组成闭环控制系统是条件稳定的。

(7)聚合过程中聚合物的物性测量困难，由于易聚合、易堵塞、黏度大等，执行器也较难选择。通常，采用调速的方法控制搅拌电机或出料、进料泵电机的转速。

8.4.2　几种常见聚合过程控制

下面以几种聚合物的聚合过程的控制为例具体说明聚合过程的控制。

1. 聚对苯二甲酸乙二酯(聚酯)过程的控制

聚酯生产方法很多，原料大多以对二甲苯(PX)为主。由对二甲苯通过直接酯化缩聚法制成对苯二甲酸(PTA)是广泛应用的方法。聚酯切片是合成纤维原料及感光胶片片基材料。该生产过程主要分缩聚和回收两部分。

酯化反应由三个酯化釜串级组成，原料 PTA 和乙二醇(EG)的混合浆料从第一酯化釜底部进入，酯化温度 260～270℃，反应压力从 0.25MPa 递减至 0.02MPa，总酯化率达 96%～97%。缩聚反应分预缩聚和后缩聚，反应温度随流程进展而升高，反应压力逐步下降。缩聚反应中游离的 EG 从釜顶以气相逸出，经喷淋冷凝器至丁二醇回收装置。EG 的回收包括废 EG 蒸发、蒸馏塔和精馏塔等。图 8.14 所示为酯化、缩聚工艺控制流程简图。

PTA 粉料经称重仪称量，与设定值比较，当实际质量与设定值不同时，通过改变螺旋输送器电机转速，控制进入混合槽的 PTA 粉料量。这是以称质量为主被控变量，转速为副被控变量的串级控制系统。同时，称重信号经信号转换后，经比值运算后作为 EG 物料控制器的设定，控制 EG 的加入量，达到 PTA 与 EG 的一定摩尔分数配比要求，这是定比值控制系统(图中未画出)。

混合后的浆料从第一酯化釜底部进入，通过在管道上安装的流通式放射性铯密度计，间接检测配比情况。第二和第三酯化釜、两个预缩聚釜都采用液位控制进料量的控制方案，如图 8.14 所示。调节后缩聚釜的出料泵电机的转速控制出料量。第一酯化釜液位通过浆料泵电机转速控制进料浆量。由于液位稳定，反应停留时间恒定。

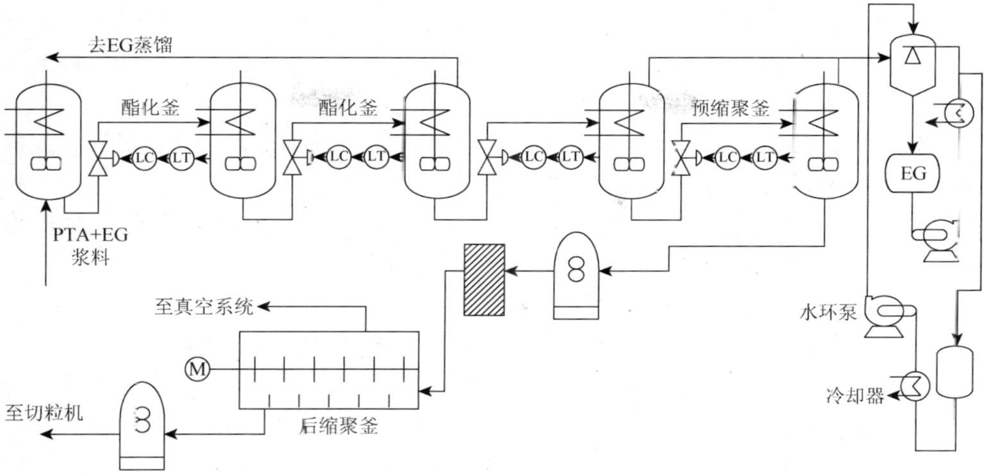

图 8.14　酯化、缩聚工艺控制流程简图

反应釜温度通过调节进入反应釜夹套的蒸汽量控制。反应釜压力(或真空)通过调节釜顶排出(或吸入)的 EG 蒸汽量控制。

后缩聚釜是圆盘反应釜，它是卧式结构的圆筒容器。后缩聚釜有 12 个小室，其中，11 个室内有圆盘，由电机带动缓慢旋转，用于搅拌和增大残留乙二醇蒸发表面积，使产品达到合格的黏度。在一定转速、反应釜真空度和温度下，釜内液位影响反应停留时间、乙二醇蒸发表面积，从而影响缩聚反应速率。所采用的控制系统如图 8.15 所示。

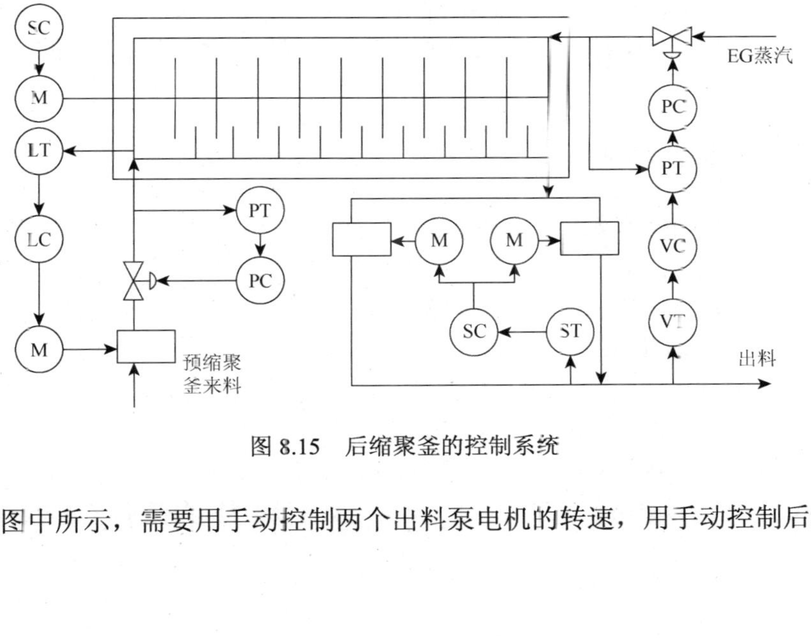

图 8.15　后缩聚釜的控制系统

如图中所示，需要用手动控制两个出料泵电机的转速，用手动控制后缩聚反

应釜的电机转速。出料黏度与反应釜真空度组成串级控制系统，控制进入反应釜的 EG 蒸汽量。反应釜温度用进入夹套的蒸汽量控制。根据反应釜的液位控制进料量。

代表产品质量的控制指标是黏度，它与反应温度、真空度、停留时间、搅拌速率、液位等有关，通常，采用特性黏度 μ 表示。它是无限稀释溶液中，溶液相对黏度自然对数与浓度之比的极限值，或增比黏度与浓度之比的极限值。聚合物动力黏度 η 与特性黏度 μ、反应温度 t 之间可用下列数学模型描述：

$$\eta=10^{-2}\left[11.4286\,\mu\right]^{(9.9312-t)/60.4} \tag{8.6}$$

实际应用时，一旦黏度计发生故障，可采用搅拌电机功率间接表示黏度。对产品黏度的影响因素主要有预缩聚釜出料黏度、后缩聚釜液位、反应温度等，可设置相应的前馈-反馈控制系统。

由于聚合物黏度大，不能采用一般的液位检测仪表进行检测。为此，在该系统中采用放射性钴液位计。

2. 聚氯乙烯过程的控制

聚氯乙烯简称 PVC，是由氯乙烯（VCM）在引发剂作用下聚合而成的热塑性树脂，是氯乙烯的均聚物。聚氯乙烯是最通用的塑料品种之一，广泛应用于国民经济各个领域。根据聚合方法的不同，聚氯乙烯可分为四大类：悬浮法聚氯乙烯、乳液法聚氯乙烯、本体法聚氯乙烯、溶液法聚氯乙烯。目前工业上生产聚氯乙烯的主要方法是悬浮法，生产工艺流程分为：化学品调制和进料、聚氯乙烯聚合、氯乙烯回收、干燥、产品聚氯乙烯处理等。

聚合过程是在有搅拌器的反应器内进行的，采用间歇操作。下面介绍部分控制系统。

1）去离子水计量控制系统

聚合过程采用热水入料方式操作，即去离子水加热到 48℃左右后加入聚合釜，以提高釜内原料温度、缩短升温时间的操作方式。去离子水的流量采用涡轮流量计测量，两个涡轮流量计尽量串联在水平的同一加料管道上，两个流量计相距 2.5m，如图 8.16 所示。

图中，冷、热去离子水混合后的去离子水温度通过采用分程控制分别控制冷、热去离子水控制阀的开度来控制。混合后温度对进料去离子水流量进行温度补偿，FQ1 是进料体积检测用仪表，FQ2 是进料表，用于计量进料量，并经 FC1 控制进料控制阀的开度。进料压力有一个最低软限值，当进料压力低于该设定值时，由

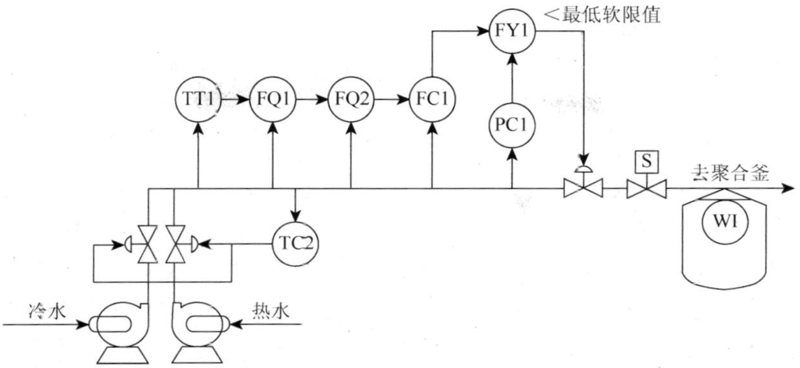

图 8.16　去离子水计量控制系统

压力控制器 PC1 取代流量控制器来控制进料量，防止涡轮流量计因出口压力低引起的进料汽化，造成流量计读数的误差。如果计量仪表故障，系统还设置计量罐，用称重仪表 WI 进行校正。为使计量正确，控制系统设置了满流速和微流速两种进料流速设定，满流速时可达 $136m^3/h$，微流速时仅 $23m^3/h$，当计量接近设定的计量值时，控制系统改用微流速控制进料，直到达到设定的计量值时关闭进料控制阀。整个控制系统采用计算机控制装置实施，因此，进料控制阀后还设置进料切断电磁阀，用于自动开启和关闭计量控制系统。

2) 聚合釜温度控制系统

聚氯乙烯的聚合反应是放热反应，因此，应及时将反应热移走，保持釜内温度恒定。通常采用釜温为主被控变量、夹套温度为副被控变量的串级控制系统。图 8.17 所示为聚合釜温度控制系统示意图。

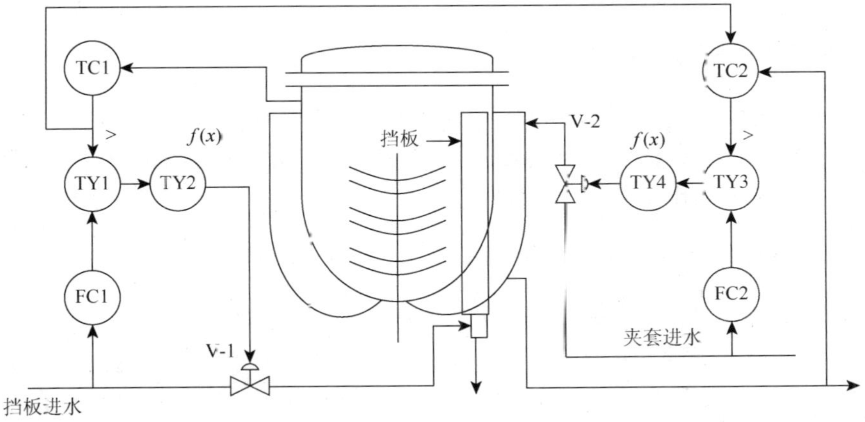

图 8.17　聚合釜温度控制系统

在聚合反应开始前，95℃热水直接加入夹套，并在釜内添加引发剂，不同牌号的树脂对温度、原料量等有不同的要求，即配方程序不同。

当聚合反应开始时，就要向夹套通入冷却水，根据需要可增大冷却水量，直至达到最大的经济流速。这时，可向釜内的挡板内供水，并按反应温度调节供水量。当挡板也达到最大经济流速时，表示已经达到该聚合釜的最大移热能力。

图 8.17 中，进水控制阀均为气关型，主、副温度控制器为反作用控制器。TY1 和 TY3 是高选器，TY2 和 TY4 是配方程序用的逻辑切换装置，釜温是根据釜内的 5 点温度确定的，其中，4 点温度测量液相温度，1 点温度测量气相温度，气相温度应低于液相温度，如果 4 点温度的偏差大于程序设定值，则配方程序自动定时全开进水控制阀，减少温度测量值与设定值的偏差，如果仍不能减少，则发出报警信号，以便操作人员处理。

当反应生成热不高时，釜温控制器 TC1 的输出作为夹套温度控制器 TC2 的外设定，组成串级控制系统，并根据 TC2 的输出控制 V-2 的开度。当反应生成热很大时，夹套控制阀全开，直到夹套进水达到最大经济流速。最大经济流速由夹套水流量控制器 TC2 的设定值确定。它通过高选器选中流量控制器 FC2 输出实现。同样，釜温控制器输出值较低，高选器选中挡板流量控制器 FC1 的输出，使挡板进水流量控制阀开到最大经济流速。经上述控制后，釜温波动范围可达±0.2℃，满足了工艺操作的要求。

夹套和挡板的冷却水量及冷却水的温升经计算机根据聚合釜的数学模型计算，计算获得聚合釜的放热速度，并进而得到氯乙烯生成聚氯乙烯的转化率。

聚合釜的升温控制采用逻辑控制与 PID 控制结合的方法进行。根据不同配方所确定的升温温度确定直接加热温度设定值、PID 切换点等。

当聚合温度过高或反应过程中发生停电等事故时，控制系统中的事故处理系统会自动打开终止剂控制阀，加入终止剂，停止反应。

3) 缓冲剂计量控制系统

聚氯乙烯聚合反应的缓冲剂是磷酸三钙白色颗粒固体，计量过程要不断搅拌，由于是间歇反应，因此计量过程是间歇进行的，整个计量过程采用逻辑顺序控制，由配方控制程序给出。

4) 其他控制系统

为了使聚合反应正常进行，还设置下列主要控制系统。

(1) 反应终止点控制：配方程序根据反应时间、反应转化率和压力降等给出该配方条件下的最长反应时间和最短反应时间。如果反应时间大于最短反应时间，反应才允许终止。如果反应时间大于最长反应时间，则程序也自动终止反应。

(2) 故障检测和诊断：计算机控制装置对主要的过程检测点进行检测和判别。例如，当釜温或釜压的偏差超过设定范围时，就自动切换到夹套温度控制或报警，防止事故发生。当计算得到的反应速率超过设定值时就报警等。

(3) 搅拌电机功率：搅拌电机在反应过程中有三种功率。反应初期搅拌电机功率随时间变化，它与生产的粗料有关，功率的变化用于检测粗料的情况。实际运行时的功率曲线表示聚合反应转化率，黏度越大，功率越大，因此，应检测功率是否在配方允许范围内，如果超出规定范围，则提供报警信号。搅拌功率也反映搅拌运转情况，一旦搅拌有问题，也可根据搅拌电机功率判别。

(4) 聚合釜满釜：计算机控制装置根据氯乙烯蒸汽压力与温度的关系方程编程。反应期间，实际压力与理论压力比较，如果实际压力大于理论压力，计算机控制装置进行满釜检查，即在短时间内停止向釜内进水，比较实际压力是否下降，如果下降则延时后重新注水，如果压力不下降，则发出报警信号，操作员可选择出料、停止聚合反应或密切监视反应，等一段时间后再根据反应情况进行处理等。

(5) 系统的停车：当事故发生时，系统能够自动终止反应，切断有关控制阀或打开有关控制阀。整个停车系统按逻辑顺序进行。

3. 聚乙烯过程的控制

聚乙烯是由乙烯聚合而成的高分子化合物，产品分高、中、低压聚乙烯和低压低密度聚乙烯等。高压聚乙烯又称低密度聚乙烯(LDPE)，指在 100～300MPa 下生产的密度为 0.91～0.935g/cm^3 的聚乙烯。高压聚乙烯生产工艺有二十几种，按反应器类型可分为管式和釜式反应器两大类。管式反应器的反应压力高，反应温度高，转化率也较高，反应时间较短，停留时间较短，相对分子质量分布较宽，对过程控制和安全控制的要求也高。

原料乙烯(纯度 99.9%以上)与经净化并通过升压压缩机升压后的低压循环气汇合，分两路进入一次压缩机一段汽缸，经压缩后压力达到 26MPa，再与净化的高压循环气汇合，分三路进入二次压缩机一段汽缸。纯氧作为引发剂(纯度达 99.5%±0.1%)与原料乙烯配比后，经引发剂压缩机升压到 26MPa，分三路从二次压缩机三处入口管线注入系统。

调节剂(丙烯或丙烷)及共聚单体(乙酸乙烯)经计量泵加压到 26MPa，与引发剂一起分三路从二次压缩机三处入口管线注入系统。

反应气体经二次压缩机两段增压到聚合反应的压力，并分三路：主流(热流)经预热器预热到 150～180℃后进入管式反应器的首部；侧流(冷流)有两路，分别经冷却器冷却到 45℃后分多股从管式反应器中部注入反应器的反应区，用于吸收聚合反应放出的热量，同时引发剂随冷流引发新的聚合过程，使反应温度再次升高。聚合反应温度(270～340℃)应根据产品牌号确定。

反应生成的聚合物与大量未反应气体经冷却段冷却，经脉冲降压出料阀降压到 300MPa 后进入高压分离器，分离出的未反应气体(高压循环气)作循环用。熔融聚合物经高压分离器下部出料阀减压，进入低压分离器，分离后的未反应气体(低压循环气)作循环用。

低压分离器底部出来的熔融聚合物经螺杆式熔融造粒机，与添加剂(开口剂、润滑剂、稳定剂等)混合熔融造粒。

高压聚乙烯过程控制采用模拟量和逻辑控制紧密结合的方式，主要控制系统如下。

1)氧与乙烯配比控制

引发剂纯氧消耗量较少，可用乙烯稀释来降低浓度。氧浓度影响聚合反应速率和转化率，并影响反应产品的性能。浓度高，聚合速率快，转化率高，产品熔融指数上升，产品密度、相对分子质量和屈服强度下降。不同牌号产品的耗氧量也不同。为此，采用两套热质量流量计检测流量，用小量程、大量程或小量程加大量程测量以满足不同生产规模的要求。乙烯量采用整体喷嘴测量，并采用温度补偿和上游稳压，保证流量信号与质量流量成正比。图 8.18 所示为配比控制系统和连锁安全系统。

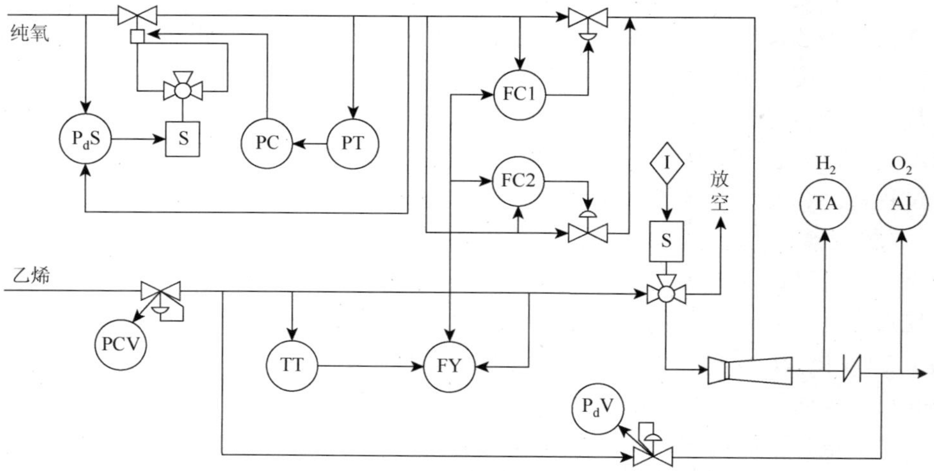

图 8.18　聚乙烯聚合反应中氧和乙烯配比控制

由于乙烯在氧中的爆炸性混合物体积浓度范围为 3%～80%，引发剂中乙烯浓度要大于爆炸上限或接近上限。为防止配比失控，需设置有关连锁控制系统。

系统局部停车连锁系统先经电磁阀切断乙烯三通阀，使乙烯流量迅速降到零，并经比值系统将纯氧进料阀关闭。而氧流量停止流动后，使纯氧总管上的压力控制阀前后压降下降到零，压力开关 P_dS 动作，经电磁阀动作来切断氧压力控制阀，为纯氧系统事故切断提供双重保险，提高整个系统的可靠性。即使系统有泄漏，还可经乙烯三通控制阀放空，防止在系统中积累，使氧浓度升高。

P_dV 自力式差压控制阀在两端压差大于 50kPa 时，自动打开，乙烯经旁路进入引发剂压缩机。正常运行时压差小于 50kPa，因此该控制阀关闭。该控制阀用于防止连锁动作时，乙烯进料阀关闭会使压缩机入口形成负压，空气吸入压缩机造成事故。

2) 反应器综合控制

反应器综合控制包括主流入口差压控制、反应峰值温度和反应压力串级控制、冷侧流温度和流量控制以及时间程序、逻辑程序等顺序控制。图 8.19 所示为反应器主要控制系统图。

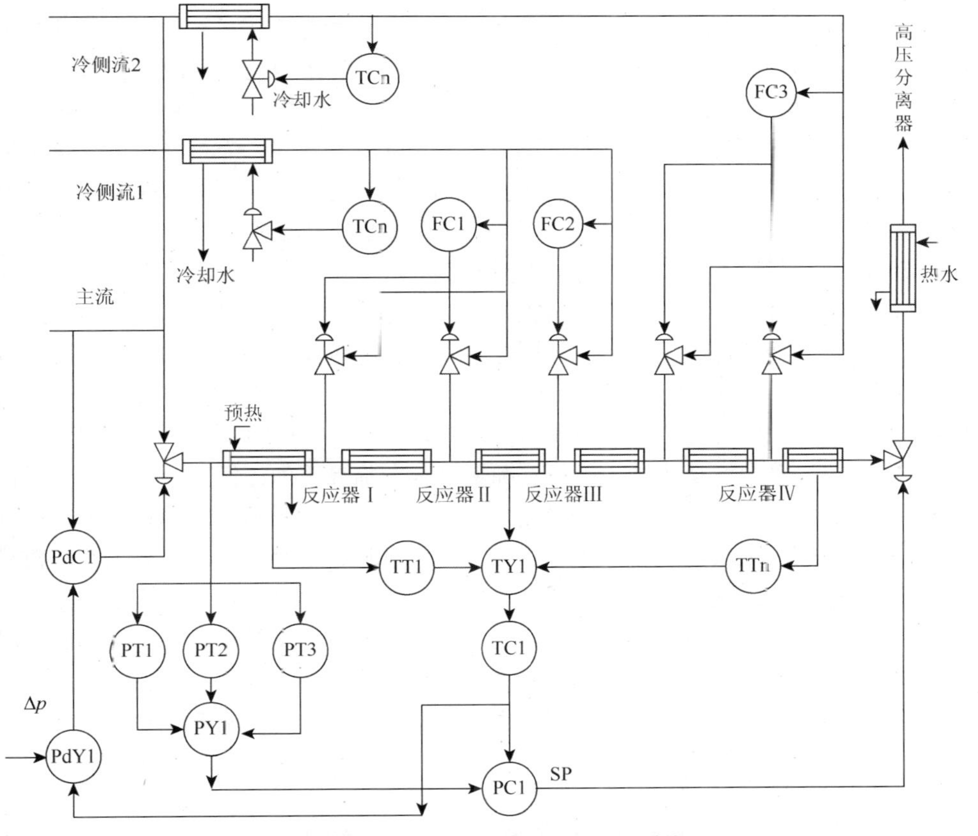

图 8.19　聚乙烯反应器的主要控制系统

(1) 反应器主流入口压差控制：反应器主流入口压差指二次压缩机出口压力与反应器入口(管式反应器首部)压力之差。控制压差可消除反应器压力周期性脉动变化对冷侧流注入流量的影响，使冷侧流注入系统的工况稳定，采用反应峰值温度 TC1 与入口压力 PC1 的串级控制系统。由于反应器压力受时间程序的影响而周期变化，因此不能直接用压差值。为此，将温度控制器输出叠加压差的偏置值后作为二次压缩机出口压力控制器的设定，使压缩机出口压力与反应器设定压力之间保持一个恒定压差。

(2) 反应器压力控制：反应器的操作压力对聚合反应影响很大，为确保压力检测信号的正确，采用三重检测元件和变送器(PT1、PT2 和 PT3)，经高选器 PY1 后获得反应器最大压力作为压力控制器的测量信号。控制器 PID 和 PD 功能的切换由时间逻辑程序控制，用于配合脉冲周期降压控制。PID 切换到 PD 时，积分作用被记忆，不会因测量与设定之间的偏差而变化，副控制器的输出控制反应器末端的脉冲控制阀。压力控制器设定等于反应器压力设定减去反应器峰值温度控制器输出。

(3) 反应器周期脉冲降压控制：反应生成的聚合物黏度大，易黏附在反应器管壁，影响传热效果，为清除黏附的聚合物，采用周期脉冲降压控制，使管内流体呈现脉动流，从而冲刷黏附物，脉冲周期为 60～100s，降压深度为 0～20MPa。

(4) 聚合反应温度控制：沿反应器管长(1500m)设置 40 个温度检测点，反应器入口和高压分离器管道上设置 6 个温度检测点，这些温度信号送高选器，得到反应器峰值温度，因此，反应器温度控制实质是峰值温度控制。

聚合反应器压力与聚合反应速率呈现线性关系，因此，将反应器峰值温度作为主被控变量，反应器压力作为副被控变量组成串级控制系统。通过切换开关可实现三种串级控制方式：温度和压力直接串级；温度的正半波与压力串级(取温度峰值高于设定值时，温度信号与压力组成串级；温度峰值低于设定值时，温度信号直接控制出料脉冲阀)；串级切除(用于开车)。

(5) 主控制器的安全控制：氧与乙烯聚合存在临界压力，低于该临界压力时，几乎不发生聚合反应，只有大于该临界压力时，即使氧含量低于 2×10^{-6}，仍可进行聚合反应。因此，临界压力的控制是安全控制的基础。安全控制就是当工艺参数异常时将压力降到临界压力以下的控制方法。根据工艺不同的事故条件，安全控制的方式不同。例如，可直接切断脉冲周期信号，停止脉冲降压控制；可直接切断进料控制阀；可将反应器压力控制器的设定直接降到安全压力，或以一定速率降低压力设定值等。一旦故障消除后，压力要逐步由人工恢复到正常操作压力。

3) 反应器的节水控制

反应器需用热水作为传热介质，根据操作和控制的要求，由三路不同蒸汽压力的热水各自组成闭合循环系统。热水温度通过热水槽上压力分程控制系统控制。热水吸收热量产生蒸汽，使热水槽压力升高。共有三套热水槽，液位以分程控制系统为主，另有压力的分程控制和单回路控制，流量的单回路控制等。反应器的节水控制系统如图 8.20 所示。

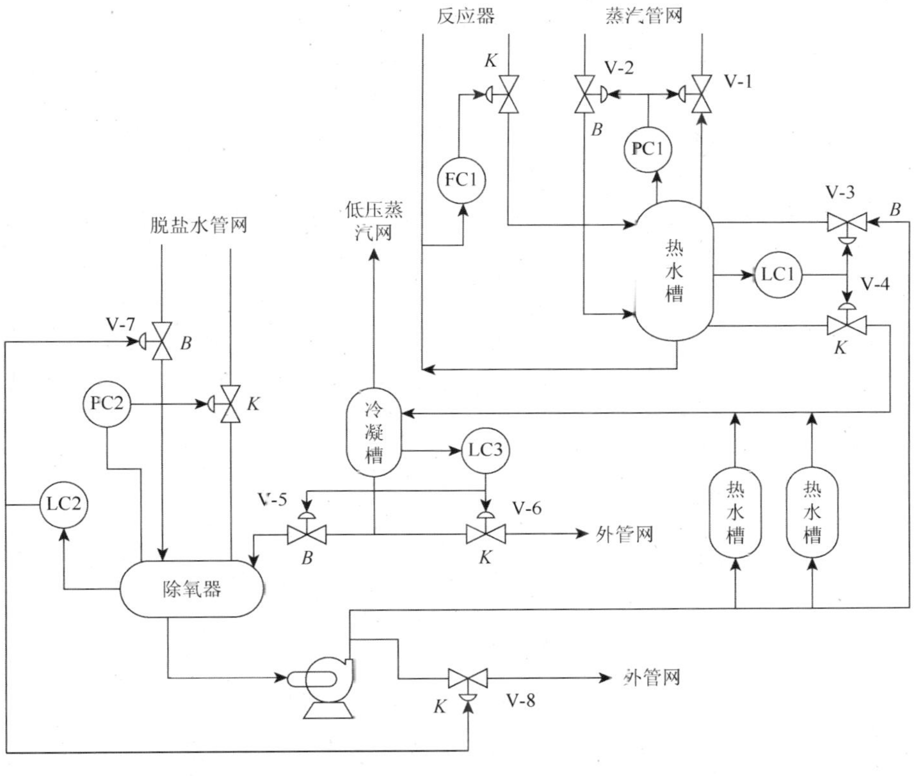

图 8.20　聚乙烯反应器节水控制系统

图中，热水槽的压力随热水吸收热量的大小而变化，当热水槽压力升高时，通过 PC1 使 V-1 打开，蒸汽送入管网，压力随之下降。反之，若放出热量，则回水温度下降，热水槽压力下降，通过 PC1 先关闭 V-1，如果压力继续下降，则打开 V-2，由于外管网蒸汽压力大于热水槽压力，用外管网蒸汽加热热水，使热水槽压力维持在设定的压力。

压力控制的引入使闭环循环系统开口，循环系统中水量随换热工况的变化而变化，当蒸汽外排时，热水槽液位下降，为维持系统中水量的恒定，维持热水槽液位，采用 LC1 的液位分程控制。水量不足时，开大除氧器来的补偿水阀 V-3，否则，将多余的水经 V-4 送冷凝槽。

(1) 除氧器和冷凝槽液位同时升高：为维持热水槽的压力，从蒸汽管网补充加热蒸汽。使热水槽液位升高，经 LC1，开大该控制系统中的 V-4，关小 V-3。使除氧器的外供水减小，冷凝槽的进水增加，从而使除氧器和冷凝槽的液位随之升高。由于冷凝槽是立式容器，除氧器是卧式容积，因此，冷凝槽液位响应比除氧器液位的响应要迅速，使 LC3 动作，开大该控制系统中的 V-5，使除氧器液位升高，因此，除氧器液位在外供量减小和由冷凝槽的供量增大而进一步上升。LC2 因液位上升而使输出增大，该控制系统中，由脱盐水管网来的新鲜软水阀 V-7 关小，如果液位继续上升，则打开去外管网的控制阀 V-8。

冷凝槽液位在 LC3 控制系统中的阀 V-5 全开后仍上升时，经控制阀 V-6 将凝液排放到外管网，防止液位过高使低压蒸汽带水。

(2) 除氧器和冷凝槽液位同时降低：热水槽产生的蒸汽过多，热水循环系统的热水过量汽化，使热水槽液位下降，经热水槽液位控制系统的调节，关小出水阀 V-4，并打开进水阀 V-3，冷凝槽液位因凝液减小而下降，LC3 输出也随之下降，首先关闭该液位控制系统的控制阀 V-6，然后关小控制阀 V-5，减小回除氧器的凝液。

除氧器液位因凝液减小而下降，同时因热水槽的补充水量增大而下降。在 LC2 的调节作用下，先关闭控制阀 V-8，进而打开控制阀 V-7，增加补充的软水量，从而使补给水量降到最低，达到节水控制目的。图 8.21 所示为三个液位控制器输出与控制阀开度的关系。

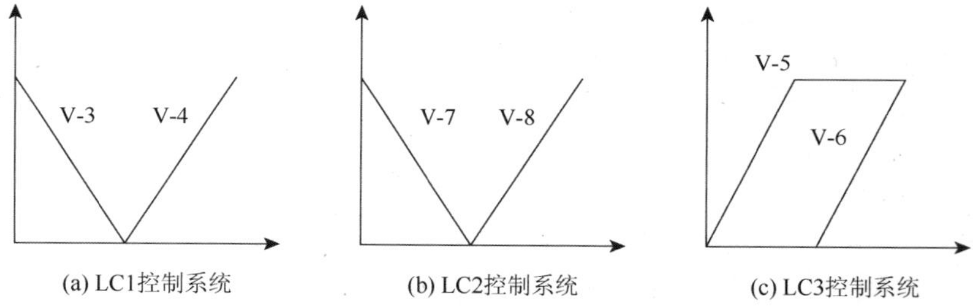

图 8.21　节水控制系统控制器输出与控制阀开度的关系

需注意，该控制系统中热水槽有三个液位的分程控制系统，它们都用于调节热水槽液位，并影响冷凝槽和除氧器的液位。

8.5　生化过程控制

8.5.1　生化过程的特点

生化过程是指由生物参与的各种反应、分离、纯化等制备和处理过程。生化过程涉及生物学、生物化学、化学工程等学科，是多学科交叉的一门学科。生化过程伴随生命体的生长繁殖，过程机理复杂。生化过程的特点如下：

(1) 生化过程机理复杂。除了参与生化过程的细胞外，外部的环境要求如参与生化过程的各种酶制剂就有几百种，生物发酵过程中根据生长过程中细胞的形态确定过程进展等。

(2) 生化过程的控制复杂。细胞的生长过程除了细胞本身的条件外，还需良好的环境条件，除了环境温度、压力等，还要及时补充生长所需养料，如氮源、磷源、碳源和其他酶制剂等。生化过程初期、中期和终止期的过程机理不同，使控制困难，如生化过程的流加工艺、间歇操作的反应过程等。

生化过程的控制包括细胞内部控制和外部控制。细胞内部控制即如何改变细胞的遗传组成和代谢特征，细胞外部控制即细胞生长环境的控制，如养料补给控制、生长环境控制等。外部控制要通过细胞内部控制才能发挥作用，而细胞的生长又反过来影响细胞生长环境(如 pH、溶氧浓度等)，从而制约细胞的生长和繁殖。

生化过程的参数之间有关联。例如，提高发酵罐压力，可提高溶氧浓度，但也提高二氧化碳浓度。因此，各个单回路控制系统之间的关联较严重。

为了有利于生物生长，对细胞和微生物的接种设备、生化过程设备等要进行消毒，这对过程控制提出了更高要求。例如，要消除检测仪表的死角，防止发生未被消毒部位造成染菌事故。尤其在生化过程规模的大型化后，更使过程控制变得困难。

(3) 生化过程需要检测的参数包括物理参数、化学参数、生物参数。物理参数有生化反应器的温度、生化反应器压力、空气流量、冷却水流量、搅拌转速等。化学参数有 pH、溶氧浓度等。生物参数包括生物物质呼吸代谢参数、生物物质浓度、代谢产物浓度、底物浓度、生物比生长率、底物消耗率、产物形成速率等。

(4) 生化过程中过程变量的检测困难。除了常用的温度、压力等过程变量可以检测外，生化过程中一些过程变量没有检测手段，或检测有一定困难，或不能在线检测等。例如，细胞的形态检测只能由熟练的操作人员根据显微镜下的观察结果来确定，发酵液的 pH、溶氧浓度等过程变量的检测缺乏能够耐高温消毒的电极等，菌体的干重、养料的浓度变化等只能离线检测。

8.5.2　生化过程的控制类型

1. 主要控制系统

生化过程的主要控制系统有空气流量控制、培养基流量控制、压力控制、温度控制、液位控制及生化过程参数，如 pH、溶氧和二氧化碳浓度控制等。

1）流量控制

流量控制包括空气流量、培养基流量和补料流量的控制。通常，空气流量控制采用定值控制。空气经高效过滤器（可以再生）后进入发酵罐，空气流量采用定值控制，可对入口温度和压力进行补偿，获得质量流量。培养基流量的加入有实消和连消两种方式。实消方式是培养基直接送入发酵罐，其流量累积量达到设定值后，再用蒸汽消毒，因此，只需要对累积量进行计量控制。对小型发酵罐可采用实消方式加入培养基。连消方式是培养基连续经连消塔和维持罐进行消毒，然后进入发酵罐，因此，对培养基要采用定值控制系统，与辅助的连消控制系统结合进行，通常用于培养基量大、发酵罐容积大的场合，这时，采用实消方式易造成消毒不彻底或使培养基损坏。补料流量的控制要根据生化过程的进展确定，通常可采用流加过程控制方法控制，补料量的设定有最佳参考轨线，通常开始阶段补料少，中间阶段补料最大，终止时补料减少。也有采用定值补料的参考轨线。

2）压力控制

提高发酵罐压力有利于提高氧分压，增大溶氧浓度，但也会使二氧化碳浓度增大，因此，通常采用简单的定值控制。

3）温度控制

发酵罐温度控制十分重要，它直接反映生物生长的环境条件。通常可采用发酵罐温度为主被控变量、夹套（包括内盘管）冷却水温度为副被控变量的串级控制系统。小型发酵罐可直接用发酵罐温度组成单回路控制系统。为使生化反应能够进行，通常采用分程控制方式，在反应初期进行加热，反应进行后用冷却水除热。温度设定值应设置在发酵菌的最佳生长温度，同时，应控制好偏离度，防止温度过高或过低。由于发酵热变化较慢，因此，发酵罐温度控制器的积分时间宜比一般温度控制系统的设置值要大些。

4）液位控制

有些发酵过程中产生大量气泡，除了用机械方式消泡外，通常添加消泡剂进行消泡。消泡剂可手动加入，也可根据液位开关信号以离散方式加入。应用时一次的消泡剂加入量不宜过大。

5）pH 控制

与一般中和过程 pH 控制的不同点是：

（1）pH 电极要求能够耐高温消毒。

(2) pH 电极检测点可直接插入发酵罐，不必采用外循环等检测方式，因为发酵罐内的物料搅拌均匀。

(3) 由于补料的不断添加，底物量增加较大，因此，应根据底物量自适应地调整控制器的参数，组成自适应控制系统，或将补料量的累积量作为前馈信号，组成前馈-反馈控制系统。

发酵过程中，pH 的控制主要考虑培养基中生理酸、碱物质的平衡，不造成因补料而有较大 pH 波动。

通常，可采用 pH 作为被控变量，加入的碱量或酸量作为操纵变量，组成单回路控制系统。对大型发酵罐通常采用自适应控制或前馈-反馈控制系统。pH 控制应用时需注意控制阀的泄漏量应尽量小，采用离散控制算法时，可采用开关式控制规律或时间比例控制规律。由于被控对象具有较大时滞，也可采用时滞补滞的控制方案，有时也采用采样控制的控制方案。

6) 溶氧控制

溶氧浓度与空气流量、温度、发酵罐压力、生化过程进展等有关，由于溶氧需通过菌体代谢控制，因此被控对象时间常数大，通常可组成以溶氧浓度为主被控变量、空气流量为副被控变量的串级控制系统。常用的溶氧控制及效果见表 8.1。

表 8.1　溶氧控制的方案比较

操纵变量	投资成本	运转成本	控制效果	对生产作用	备注
搅拌速率	高	低	好	好	在一定期限内，需避免过分剪切
通气速率	低	低	中	不定	可能形成泡沫
温度	低	低	变化	不定	不常用
基质浓度	中	低	好	不定	响应慢
罐压	中、高	低	中	好	对罐体耐压要求高

2. 辅助控制系统

辅助控制系统包括开车和停车过程的控制、培养基消毒过程的控制、计量罐液位控制、开/停车控制等。

8.5.3 常见生化过程控制

1. 发酵罐温度控制

一般发酵过程均为放热过程，温度多数要求控制在 30～50℃，过程操纵变量

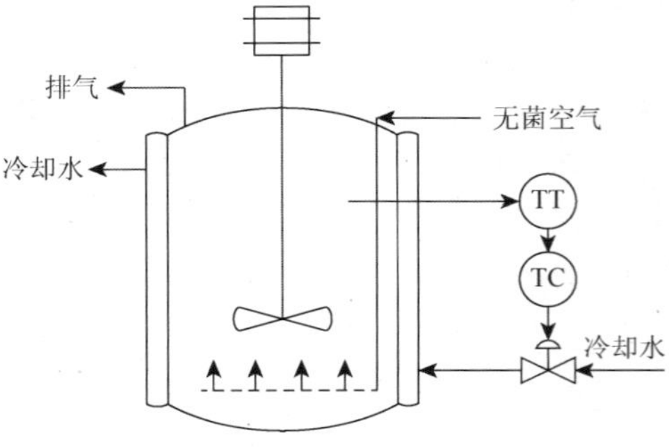

图 8.22　发酵罐温度控制

为冷却水，一般不需加热而且是滞后较大，通常采用 PID 控制方法可实现恒温控制，图 8.22 是发酵罐的温度控制流程图。

2. 溶氧浓度控制

在好气菌的发酵过程中，必须连续向发酵罐通入无菌空气，使空气的氧溶解到培养液中，然后在液流中传给细胞壁进入细胞质，以维持菌体生长和产物的生物合成。为此，在发酵过程中必须控制溶氧浓度，使其在发酵过程的不同阶段都略高于临界值，这样既不影响菌体的正常代谢，又不致为维持过高的溶氧水平而消耗大量能量。

影响溶氧浓度有多种因素，在控制中可以从供氧效果和需氧效果两方面加以考虑，需氧方面要考虑菌体的生理特征，供氧方面要考虑通气流量、搅拌速率和气体组分的氧分压、罐压以及培养液的物理性能。通常以控制供氧手段来控制溶氧浓度，最常用的溶氧浓度控制方案是改变搅拌速率和改变通气量。

1)改变通气速率

在通气速率低时改变通气速率可以改变供气能力，加大通气量对高溶氧浓度有明显效果。但是在空气流速已经较大时，再提高通气速率则控制作用并不明显，反而会产生副作用，如泡沫形成、罐温变化等。

2)改变搅拌速率

采用改变搅拌速率一般比改变通气速率效果好，因为通入的气泡被充分破碎，增大有效接触面积，而且液体形成涡流，可以减少气泡周围薄膜厚度和菌丝表面液膜厚度，并延长气泡在液体中停留时间，提高供养能力。图 8.23 是改变搅拌速率的溶氧串级控制，图中 AT 是来自溶氧电极的信号，测量溶氧浓度的大小。

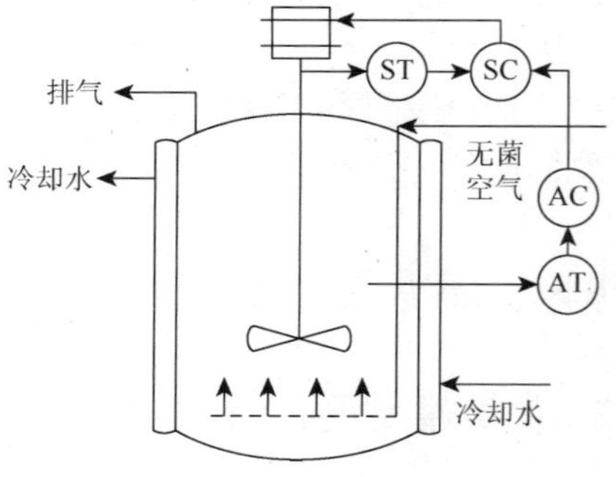

图 8.23　转速-溶氧串级控制

3. 通气流量、罐压和搅拌速率控制

当搅拌速率、罐压、通气流量进行单回路控制时，由于通气流量和罐压两个变量相互关联影响，因此通气流量和罐压控制不宜同时使用。图 8.24 为罐压、转速单回路控制，图 8.25 为通气流量、转速单回路控制。

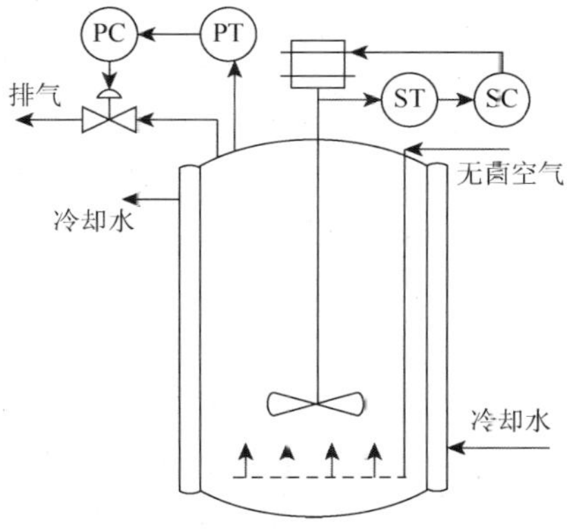

图 8.24　发酵罐罐压、转速控制

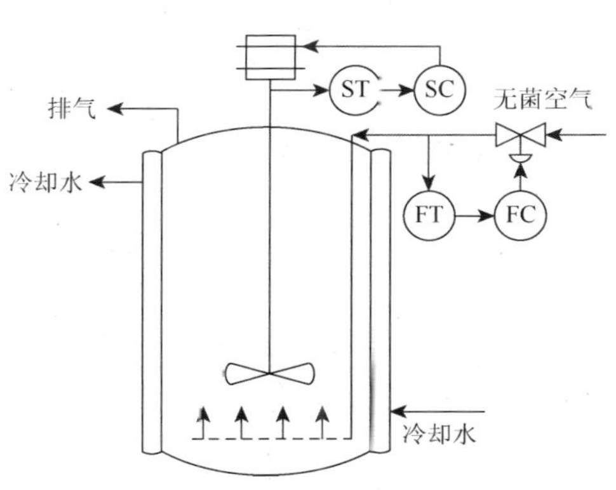

图 8.25　流量、转速控制

4. pH 控制

在发酵过程中，为控制 pH 而加入的酸性或碱性物质，往往就是工艺要求所需的补料基质，因此在进行 pH 控制时对所加补料的酸、碱物料进行计量，以便实现离线参数的计算。图 8.26 是采用连续流加酸碱物料方式控制罐中 pH。目前常用脉冲式流加方式控制 pH。

5. 消泡控制

发酵过程中由于多种原因常在罐内产生大量气泡，从而引起发酵环境发生改变，甚至发生逃液现象。可在搅拌轴的上方安装机械消泡浆，少量的气泡会被浆不断地打破。但当泡沫量较大时，就必须加入消泡剂进行消泡。最简单的方法是位式控制，在罐内安装电极，当检测到泡沫时，控制器周期性地加入消泡剂，直至泡沫消失，如图 8.27 所示。

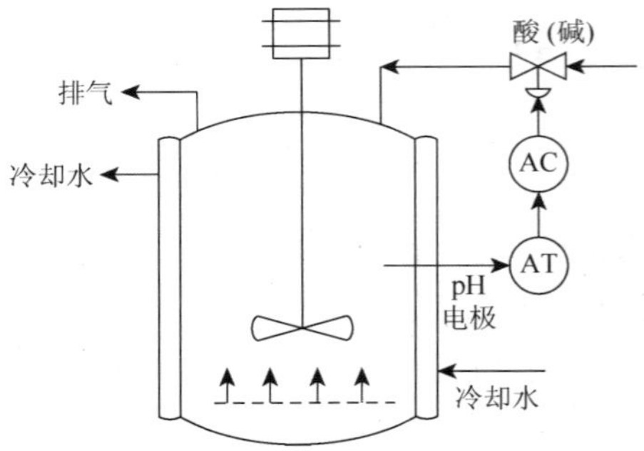

图 8.26 连续流加 pH 控制

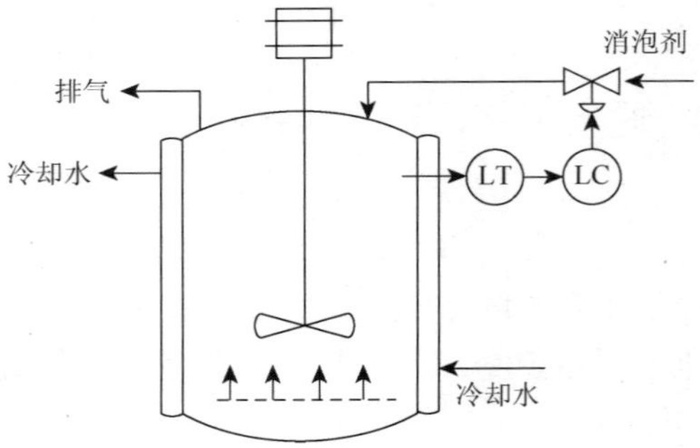

图 8.27 消泡控制

8.5.4 发酵控制举例

1. 谷氨酸发酵过程控制

谷氨酸是味精原料，其发酵过程有以下六个控制系统，如图 8.28 所示。

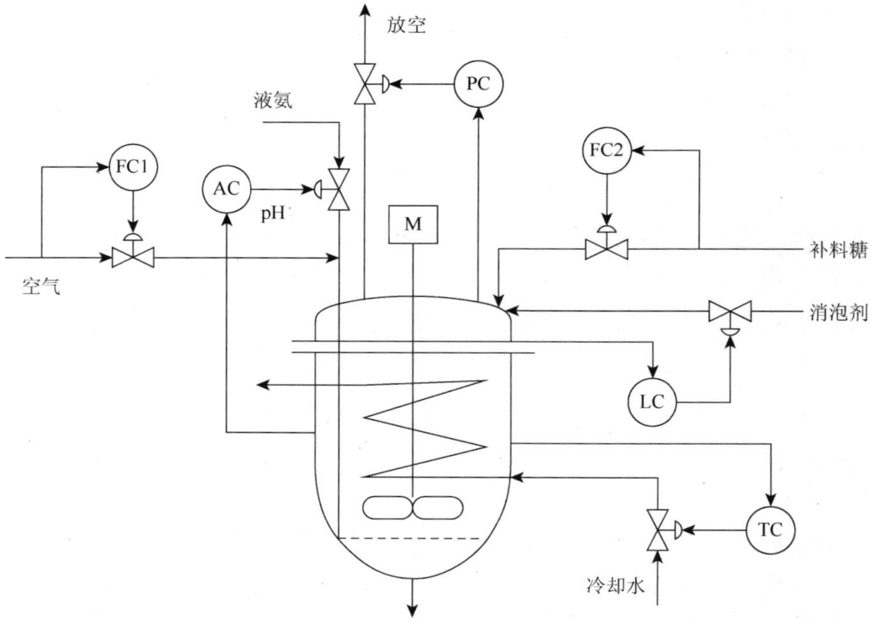

图 8.28 谷氨酸发酵的控制系统

(1) 空气流量控制：用 FC 表示。

(2) 发酵罐压力控制：用 PC 表示，操纵变量是放空量。

(3) 发酵罐温度控制：用 TC 表示，操纵变量是冷却水量，温度控制系统的设定值应根据最佳温度轨线设置。

(4) 发酵罐液位控制：用 LC 表示，操纵变量是消泡剂量。

(5) 补料量控制：用 FC2 表示，操纵变量是补料，设定值按一定轨线变化，如图 8.29 所示。图中，t_0、t_1、t_2、t_3、t_4、t_5 分别是流加补料的开始时间、初始低加到量时间、高加到量时间、批量到预报警时间、泄漏量预置时间和批量控制结束时间。MV_H 和 MV_L 分别是工艺允许的最大补料速率和工艺期望的过渡低糖补加量速率，流加到所需量后自动停止。

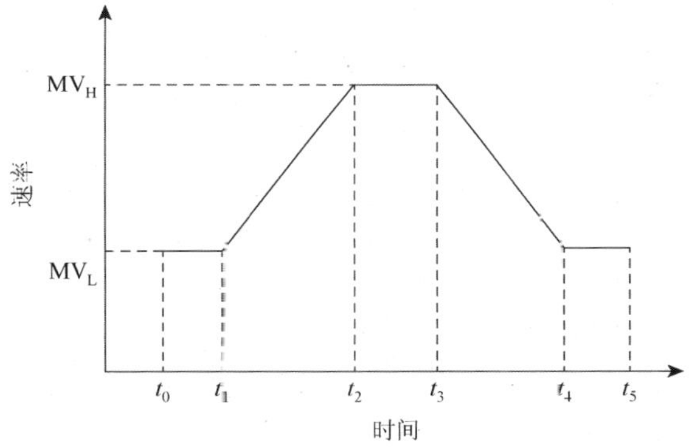

图 8.29　最佳流加设定轨线

(6) 发酵罐 pH 控制：用 AC 表示，操纵变量是加入的液氨量。为获得高产的谷氨酸，发酵后期(约发酵 12h 后)应根据 pH 对液氨进行流加。由于 pH 在 7 附近时对象的增益变大，因此，可采用非线性补偿的控制方案。考虑到 pH 被控对象的时滞较大，可采用时滞补偿控制方案。

2. 啤酒发酵过程控制

啤酒发酵过程是一个微生物代谢过程，是通过酵母的多种酶解作用，将可发酵的糖类转化为乙醇、CO_2 以及其他代谢物。发酵过程中，工艺上主要控制的变量是温度、糖度和时间的变化。其中糖度的控制是由控制发酵温度来完成，而且在一定麦芽汁浓度、酵母数量和活性的条件下，时间的控制也取决于发酵温度。因此控制好啤酒发酵过程的温度及其升降速率是决定啤酒质量和生产效率的关键。

啤酒过程典型的温度控制曲线如图 8.30 所示，*ab* 段是自然升温段，无需外部控制；*bc* 段是主发酵阶段，温度要恒定；*cd* 段为降温段，要满足一定的速率；*de* 段是后发酵阶段，恒定在一个温度值；*ef* 是降温进入储酒段，要求一定的下降速率；最后 *fg* 为储酒段，一般保持在−1℃左右。

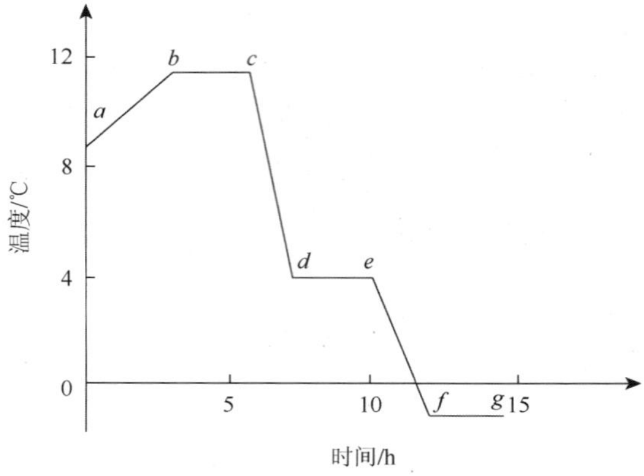

图 8.30　啤酒发酵温控曲线

啤酒发酵工艺对控制的要求有两条比较关键：一是发酵罐温度要与标准工艺生产曲线一致；二是控制罐内气体有效排放，使罐内压力符合不同阶段的需求。另外，液位、消泡也是控制要求。

在温度控制中，采用罐外冷媒间接换热方式来控制体积较大的罐体时，容易引起超调和持续振荡，整个过程存在较大的滞后环节。可采用工艺曲线分解法、温度超前拦截和连续交互式 PID 控制技术，以获得较高的控制品质。

8.6　制药过程控制

8.6.1　制药过程控制的特点

工业制药过程分为化学制药、生物制药、中药制药等过程。从原料加工到产品完成，工艺内部各变量间关系复杂，操作要求高，大多数物料是以液体或气体状态，在密闭的管道、反应器、精馏塔与热交换器等设备内部进行各种反应并伴有副反应发生。由于制药过程经常在高温、高压、易燃、易爆、有毒、有腐蚀、有刺激气味等不利条件下进行，因此，自动化技术的实施是确保制药生产过程达到安全生产、降低消耗、高效产出、有利于环保等综合生产目标的必经之路。

制药生产过程一般是由原料预处理、化学反应或生物发酵以及产品分离提纯三部分组成，涉及的设备有反应设备、传热设备、精馏设备、流体输送设备、物料存储设备、干燥粉碎设备等。

8.6.2　制药过程控制系统

(1) 流体输送设备的控制：包括离心泵的控制(阀门开度控制、转速控制、旁路控制)、往复泵的控制(转速控制、旁路控制、改变冲程)、压气机的控制(阀门开度控制、旁路控制、转速控制)、离心式压缩机控制(防喘控制)。

(2) 传热设备的控制：包括无相变换热器控制(载热体流量控制、载热体旁路流量控制、被加热流体流量控制、被加热流体旁路控制)、利用载热体进行冷凝的控制(蒸汽流量控制、变换热面积)、利用冷却剂进行气化的控制(冷却剂流量控制、控制气化压力)。

(3) 精馏塔控制：包括提馏段温度控制、精馏段温度控制、精馏段的温差控制、成分直接指标控制。

8.6.3　化学制药过程控制

化学制药过程一般由原料处理、化学反应和产品分离、提纯几部分组成，化学反应器是关键设备，包括釜式、管式、塔式、固定床、流化床等多种反应器。例如硝化反应控制，以乙苯为原料经硝化、氧化等化学反应制备氯霉素，其中乙苯的硝化采用浓硫酸与硝酸配成的混酸作硝化剂。在硝化反应过程中，反应温度是诸多因素中最重要的，提高反应温度可以加快反应速率，缩短反应时间，但提高温度会使副反应增多，降低收率。因此在硝化反应过程中，通常选择温度作为被控变量，以间接指标反映质量指标。图 8.31 是一温度串级控制方案。

由于硝化反应是强烈的放热反应，开始需要提供一定的热量使其产生游离基，当反应激发后便能剧烈进行连锁反应而放出大量热量，为控制反应温度，需要采用冷却水来进行降温，此时可用分程控制方案，如图 8.32 所示。

8.6.4　生物制药过程控制

生物制药是以微生物、寄生虫、动物毒素、生物组织为原料，采用生物学工艺及分离纯化技术制造药品。生物制药过程的基础是发酵，利用微生物发酵来生产药品，如谷氨酸、抗生素等。生物制药的关键设备是生物反应器，如发酵罐、

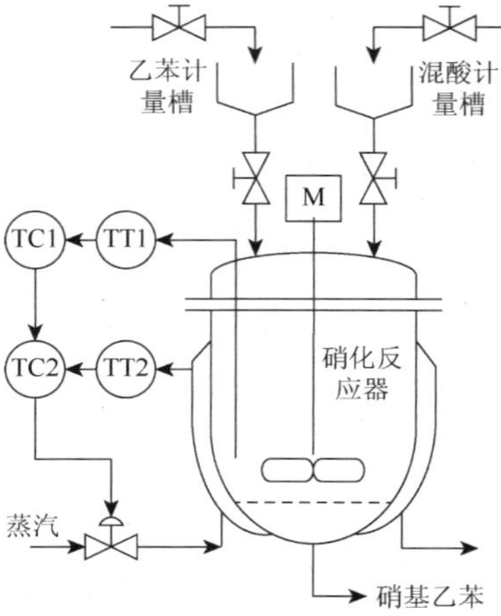

图 8.31　温度串级控制

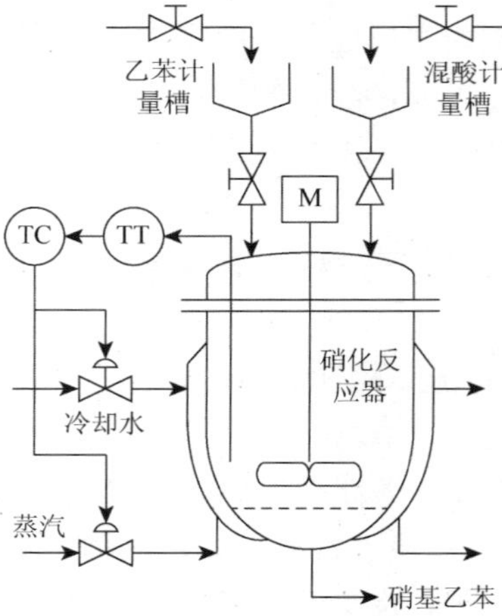

图 8.32　控温分程控制

气升式反应器、自吸式反应器、基因工程反应器等。

生物反应器与化学反应器一样，均要求维持一定的温度、pH、浓度等，但生物反应有自催化性能，即在目的产物生成的过程中生物自身要生长繁殖。生物反应过程通常选用间接指标温度作为被控变量，如图 8.33 所示。设计控制系统时通常从质量指标、物料和能量平衡、约束条件几个方面来考虑。控制策略除温度控制外还有通气流量、罐压、搅拌速率、溶氧浓度、pH、消泡控制等，控制原理图见相关内容。

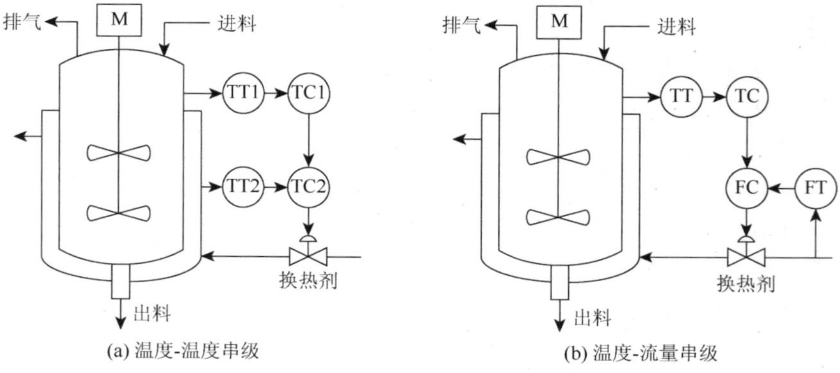

图 8.33　生物反应器温度控制

8.6.5　中药制药过程控制

从中药材中提取有效成分，是中药制剂生产中的一个重要环节，可分为提取与蒸发两大过程，涉及流体流动、药材粉碎、筛选与混合、固液萃取、液体过滤与沉降、传热与蒸发、干燥成型等。

中药提取设备有水预热器、提取罐、过滤器、储罐、离心机、浓缩器等。控制方案有药品与加溶媒量控制、加溶媒量升温过程中温度控制、沸腾过程压力控制、罐底开关汽缸控制、除渣接口连锁控制、液位控制、消泡控制、循环水控制、药液密度控制、出药与清洗控制等。

中药蒸发设备主要是蒸发器，蒸发器控制的直接指标是产品浓度，将其作为被控变量是最直接、最简便的方法。影响浓度的干扰因素有温度、流量、压力、液位、冷凝液的排除以及蒸发器内部不凝气体的含量等，其中物料浓度和温度有一定的对应关系，也可用温度作为被控变量。结晶是产生最终产品的环节，影响晶体质量的因素有传热量、传热速率、搅拌速率和搅拌器形状等，一般以物料的温度、搅拌速率为被控变量，选择载热体流量为操纵变量。

实例分析：金银花提取过程自动控制。

金银花提取物多采用水提、水提醇沉和稀醇提取工艺，也有用水煎后加石灰乳使绿原酸成分沉淀，然后加稀酸分解得提取物。具体操作方法：将生药金银花用 10 倍和 8 倍水提取两次，合并提取液，过滤，浓缩至干。提取设备是带夹套提取罐和水预热器，被控变量是提取温度，操纵变量是水蒸气，控制原理图如图 8.34 所示。从提取罐得到的提取液送至双效浓缩蒸发罐浓缩，为了得到更多的浓缩液，蒸发过程不仅严格控制温度，而且必须考虑罐内压力变化的影响，特别是二效蒸发过程在利用蒸汽余热。因此，浓缩单元采用罐内温度-压力串级控制，主变量是蒸发器温度，副变量是蒸发器压力，调节量为水蒸气流量，控制方案如图 8.35 所示。

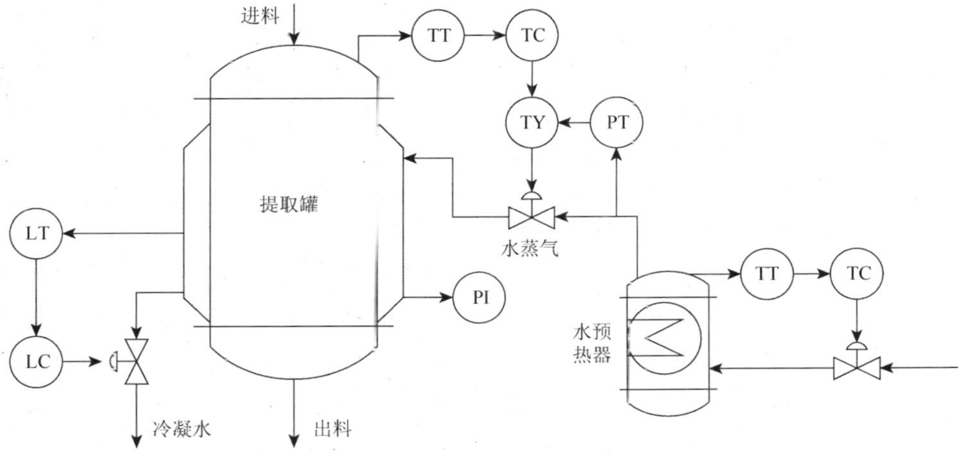

图 8.34　金银花水提取温度控制

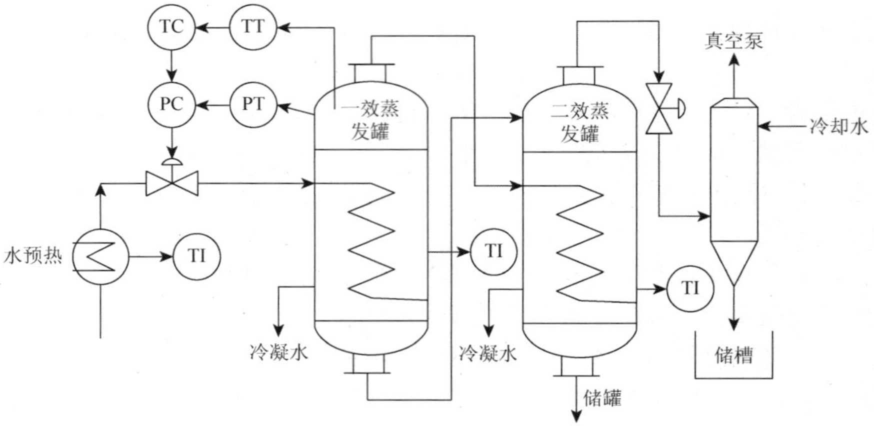

图 8.35　金银花双效浓缩单元控制

8.7　制浆造纸过程控制

8.7.1　制浆造纸过程的特点

造纸过程分为制浆和造纸两大过程。制浆就是用机械方法、化学方法或者两者相结合将植物纤维原料离解变成本色纸浆或漂白纸浆。造纸则是把悬浮在水中的纸浆纤维，经过各种加工结合成合乎各种要求的纸页。纸浆是抄纸的纤维原料，纸浆纤维主要来源于植物纤维，也可以用动物、矿物或化学合成的纤维作为制备特种纸的原料。

制浆过程是将木材或其他纤维原料转化为纤维的工业过程。它通过机械的、加热的、化学的或上述的综合方法有系统地破坏原料的内部结构，使之成为造纸的原料，方法有机械制浆、化学制浆和半化学制浆等。常用的机械浆制法是磨木浆法，即用磨石磨解木材，使之纤维化，分为盘磨机械浆和热磨机械浆。化学制浆法是用化学方法对木片进行蒸煮和降解溶出木素，获得纤维和半纤维素。化学制浆法分为硫酸盐法和亚硫酸盐法。半化学制浆法是综合化学法和机械法，先用化学法将木片蒸煮软化，然后用机械法进行碎解。

浆料制备的任务是获得所需纤维性原料(纸浆)和非纤维性组分(助剂)，处理和改进每个配料组分，并按所需的配比混合成抄纸浆料，分为碎浆、精磨打浆和湿部助剂利用、计量和混合等工序。碎浆是将已压紧的纸浆纤维(废纸)等碎解、分散为悬浮液浆料；精磨和打浆交叉进行，用于增大打浆纤维的比表面积，使纤维更柔软，改善纸浆的滤水性；配料和计量是以一定的配比将所需的浆料、助剂混合，组成符合纸张抄造的浆料。对于二次纤维的利用，需除去污染物质和脱墨，如热熔物、蜡、聚苯乙烯泡沫等和油墨。

纸张的抄造分湿部和干部。湿部包括浆料的流送系统、压榨系统和真空系统。流送系统由流浆箱、冲箱泵等组成。混合后的抄纸原料经冲浆泵传送到流浆泵，浆料在一定压力下从流浆箱的堰口射流到循环移动的编织网，形成纸页；压榨系统用毛毡或其他编织物挤压出纸页中的水分；真空系统在纸页移动过程中借助真空来除去水分。干部包括烘缸系统、同分系统、压光系统、纸机传动系统等。它用蒸汽烘缸蒸发脱除纸张中的残余水分；蒸发的水分经通风系统排放到大气，最后纸张经压光机压光后用圆筒卷纸机卷取。由于在除去水分时纸张拉紧，因此，纸张传动系统要单独控制各分部电机转速，并根据纸张的张力协调各电机转速，以防止断纸。纸张经复卷、过秤、包装等过程后成为产品。

制浆造纸过程的特点如下：

(1) 纸张种类多，对纸张的要求不同，制浆造纸的工艺也就不同。例如，有新闻纸、字典纸、卫生用纸等印刷纸，纸袋纸、防油纸等工艺用纸，电容纸、毛巾纸等特殊用薄型纸等。有些纸张要求有一定的强度，有些纸张要求有良好的印刷性能，有些纸张要求有一定的挺度和耐破度等。

(2) 检测参数多，自动检测手段少。例如，纸浆的检测参数有纸浆的卡巴(Kappa)值、纤维素溶液黏度、纤维长度、滤水度、打浆度等；对纸张的检测参数有定量、水分、耐折度、耐破度、挺度、不透明度、灰分、表面粗糙度、抗油性等。目前，除了定量水分自动在线仪表能够提供定量、水分、白度、灰分等一些参数的检测外，一些离线的检测仪表已经得到应用，但其他参数的在线自动检测尚有困难。

(3) 制浆造纸过程具有非线性、时滞、强关联、不确定性等特点，使过程控制变得复杂。同时，过程中水、蒸汽用量大，且过程的操作对环境的污染严重，因此，过程控制还需包括对废水、废液等污染物的处理和控制，以及对空气污染的处理和控制。

本节介绍典型制浆造纸过程控制，包括制浆过程、碱回收过程、造纸过程等。

8.7.2　制浆过程控制

1. 碱法蒸煮过程控制

蒸煮过程是一个发展的多相反应过程，主要影响因素有原料种类、原料质量、原料数量和水分、蒸煮药液的成分、蒸煮浓度、蒸煮温度和压力、蒸煮时间等。

1) 间歇蒸煮原料装锅过程控制

(1) 原料装锅量测量与调节：测量原料的质量、水分等参数。

(2) 蒸煮药液加入量的控制：送液过程是准确向蒸煮锅内输送一定浓度和组分的白液及黑液，以保证均匀一致地蒸煮。

2) 蒸煮过程控制

(1) 蒸煮温度控制：蒸煮温度对于药液在原料中的渗透、蒸煮反应速率、纸浆质量和产量等都有明显的影响，故要求蒸煮过程中温度必须按预定的温度-时间曲线变化。图 8.36 是一个立锅强制外循环间接加热控制系统。

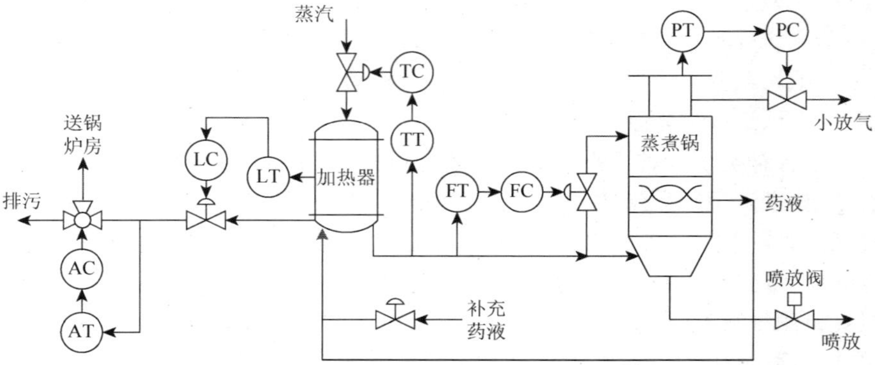

图 8.36　蒸煮过程控制

蒸煮药液从锅体中间由泵抽出，送入加热器，然后分上部和下部两路返回蒸煮锅。测量药液出口温度控制加热蒸汽，以保证蒸煮液温度按程序给定变化。为稳定换热器传热效果，设置了冷凝水液位控制，为了检测冷凝水是否受污染，在冷凝水出口处安装电导仪，正常情况下冷凝水送回锅炉，如果污染则通过三通阀排除。为保证蒸煮锅内温度均匀和药液正确分配，上下循环药液流量设置比例控制 FC，通过改变上下循环药液的配比来调整蒸煮锅上下温差。

(2) 蒸煮压力和温度的偏差控制：蒸煮压力配合温度的偏差控制是为了使蒸煮锅的压力与温度相适应，消除假压，使其符合饱和蒸汽的压力-温度关系。

2. 机械制浆过程控制

磨浆质量用纸浆游离度参数表达，在磨浆过程中原料质量的变化引起进入盘磨机的木片流量的变化，而木片水分和大小的变化将引起磨区浓度的变化，同时磨区内蒸汽也将对磨浆控制产生影响。

(1) 制浆产量控制：通过控制送料螺旋的转速来实现。

(2) 磨浆浓度与流量控制：影响磨浆浓度的主要变量有绝干木片流量和进入磨浆机的中水量，通过调节两个流量来控制浓度，另外加以调节稀释水量。

(3) 磨浆质量控制：磨浆质量要求包括稳定的游离度、高长纤维含量、低碎片含量等，通过调节每段浓度、比能耗和能耗分配控制磨浆质量。

废纸是重要的可再生资源，废纸的回收利用是解决造纸工业面临的原料短缺、能源紧张和污染严重等问题的有效途径。废纸制浆过程主要包括废纸的破解、疏解、净化、废纸浆的浓缩、热熔物处理和浮选脱墨等。

经蒸煮后的浆料中含有大量的有机物及可溶性无机物，如果不将它们除去，将有害于漂泊和抄纸生产，通过洗涤将含有上述可溶性固形物的黑液与浆料分离，并进入碱回收工段。

8.7.3 碱回收过程控制

硫酸盐酸法蒸煮废液的碱必须加以回收，回收过程包括蒸发、燃烧、苛化和石灰回收几个工段。其中多效蒸发与浓缩很关键，图 8.37 是黑液的再浓缩和喷射的典型控制。

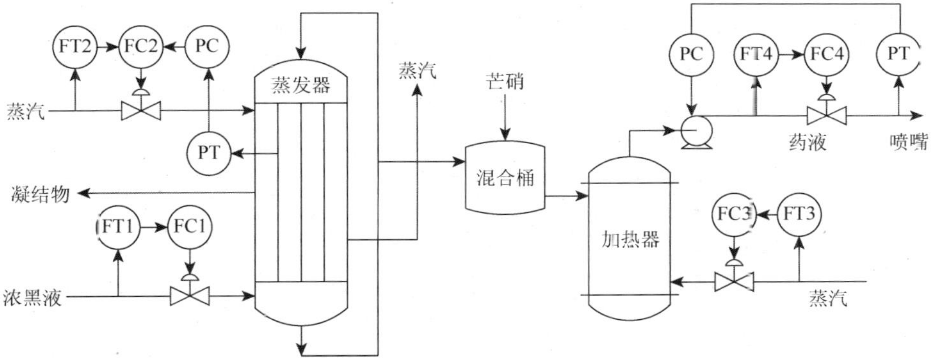

图 8.37　黑液的再浓缩和喷射的典型控制

从蒸发工段来的浓黑液进入强制循环的蒸发器，用蒸汽加热，进入的浓黑液有流量控制；蒸发器内蒸汽压力与蒸汽流量组成串级控制；黑液由泵送至混合桶与芒硝混合以补充蒸煮和回收过程硫的损失，并且测量浓黑液的浓度作为蒸汽压力的给定值。如果浓度偏低则增大蒸汽压力，增大蒸发器的传热效率，提高浓度。混合后的浓黑液泵送至加热器以稳定黑液温度，即稳定其黏度，采用流量控制方法稳定蒸汽加入量；测量加热器黑液温度差作为蒸汽流量控制系统的给定值；黏度、流量和浓度稳定的黑液用泵送至喷射器，为了保证以雾状散入燃烧室，在黑液输送管上设计了流量控制系统、喷射压力控制系统，以及黑液黏度和浓度的测量。喷射黑液的流量和浓度的稳定就保证了进入燃烧炉物料量的稳定，加上喷雾均匀，为燃烧过程的稳定提供了基本条件。

8.7.4　造纸过程控制

1. 造纸过程

造纸就是把纸浆抄制成纸张，基本流程为配浆、打浆、湿部、干部、完成整理几部分，自动控制系统包括打浆控制、配浆控制、纸料流送及流浆箱控制、纸机传动及纸张质量控制。其中打浆控制的目标是控制打浆度，通常把纸浆的浓度和通过量固定，调节打浆机的刀间距来稳定打浆度。配浆控制是将不同的纸浆、填料、胶料、燃料等添加物，以一定的百分数配比成混合浆，以适应抄选不同要求的纸种。这里以抄纸过程控制来介绍控制方法的应用。

抄纸工艺流程见图 8.38。来自制浆过程的原浆与回收的损纸和化学助剂混合形成成浆。成浆经过浓度调节成为 3%左右的中浓浆，用泵打入调浆箱与白水混合稀释成 0.7%左右的低浓浆。再经除渣和筛选，加入造纸填料，送入流浆箱底部的堰板，喷射到铜网上。然后又经铜网尾部的吸水箱及伏辊脱水，纸张即已基本成型。最后，经压榨、烘干、施胶、压光和卷取便形成成品纸。

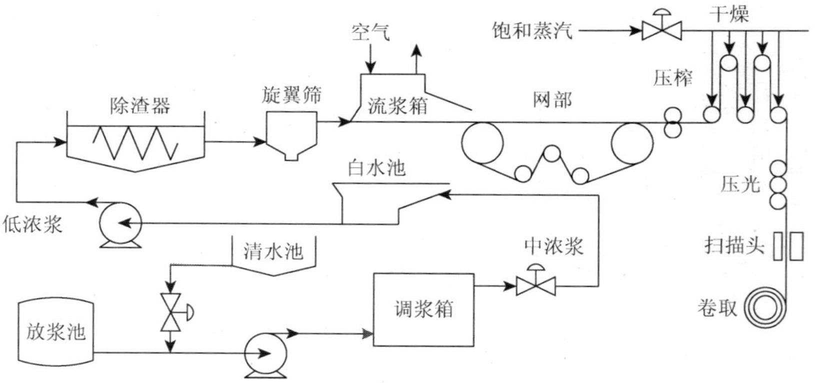

图 8.38　抄纸过程流程示意图

2. 流浆箱控制

在整个抄纸过程中，流浆箱的控制很关键。纸料在上网前必须分散均匀，然后以一定浆速喷到运行的成形网上，而浆速和网速要有一定的比例。因此，流浆箱的主要控制参数是总压头、浆位、浆速网速比。控制总压头的目的是获得均匀的从流浆箱喷射到网上的纸浆流速和流量。控制浆位的目的是获得适当的纸浆流域以减少横流和浓度的变化，产生和保持可控的湍流以限制纤维的絮凝。控制浆速网速比是为了获得稳定的纸张质量。浆速网速比对纸张的成形和结构有着决定性的影响。

1) 总压头控制

在流浆箱中，喷浆速度与总压头的关系是

$$v = k\sqrt{2gp}$$

式中：v 是喷浆速度；k 是结构系数；p 是总压头，是气垫压力和浆位静压之和。因此，调节浆位与气垫压力或调节总压头，都可以调节喷浆速度。图 8.39 是流浆箱液位和总压头控制的三种方案。图 8.39(a) 中，压力调节系统是通过调节气垫压力稳定总压头的；图 8.39(b) 中，压力调节系统是通过调节进浆量稳定总压头的，液位调节是通过调节气垫稳定液位的；图 8.39(c) 中，总压头与进浆流量组成了串级控制系统，并且在净化装置后设置了压力调节环节，以稳定进浆压力。

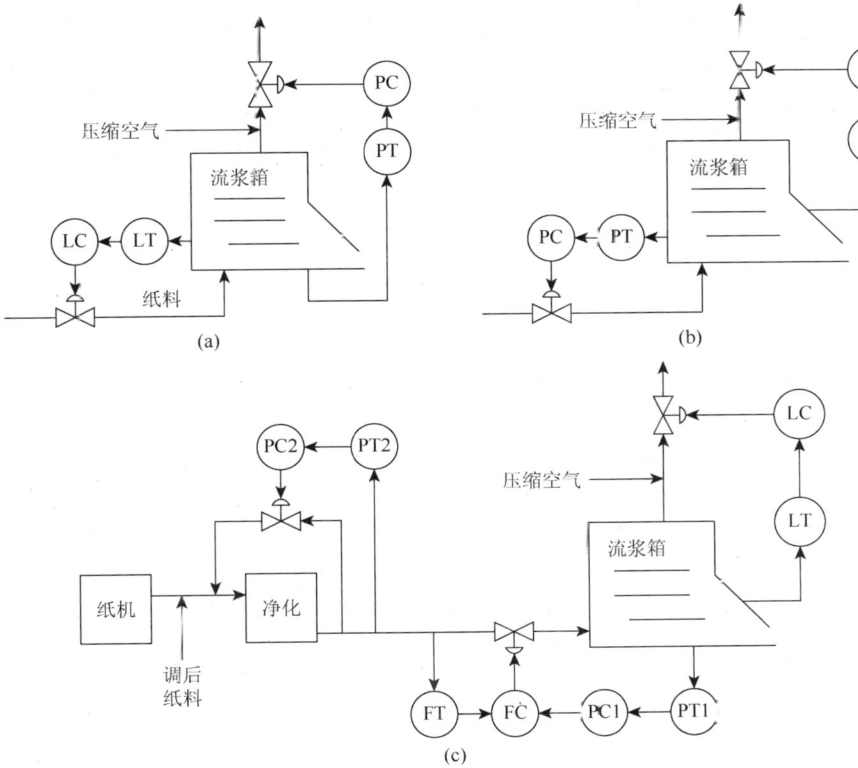

图 8.39　流浆箱液位和压头控制

在串级控制中，总压头是主被控制变量，浆位是副被控变量，在唇口开度一定时，总压头决定了流浆箱流量和喷浆速度，而小范围的浆位变化对流浆箱流量的稳定性和均匀性不会产生明显的影响。流浆箱控制的关键是准确控制流入流浆箱的浆料量，使其等于流浆箱流量的给定值。

2) 浆速网速比控制

浆速网速比对纸张的成形、结构和性质有着决定性的作用，它不仅影响纸张的均匀度、定量和强度性质，而且影响网部的纤维保留率和纸张从网上的剥离。影响浆速网速比的主要因素是纸机网速和流浆箱的总压，即流浆箱的喷浆速度。对气垫流浆箱来说，流浆箱总压又受进浆量、气垫空气压力和浆位等因素的影响，则浆速网速比控制的焦点便落在流浆箱的控制上。

图 8.40 是浆速网速控制方案，以浆速网速比调节器为主环，总压头调节器为副环组成串级控制系统。处于主环中的网速干扰将由自动地改变总压头控制器的给定值加以克服，而处于副环中的对总压头的干扰，在其尚未影响浆速网速比之前由副环系统加以克服。因此采用串级控制可以克服各种干扰，保持浆速网速比稳定。

造纸过程其他控制还有纸机传动控制、纸张水分与定量控制、废水处理控制等。

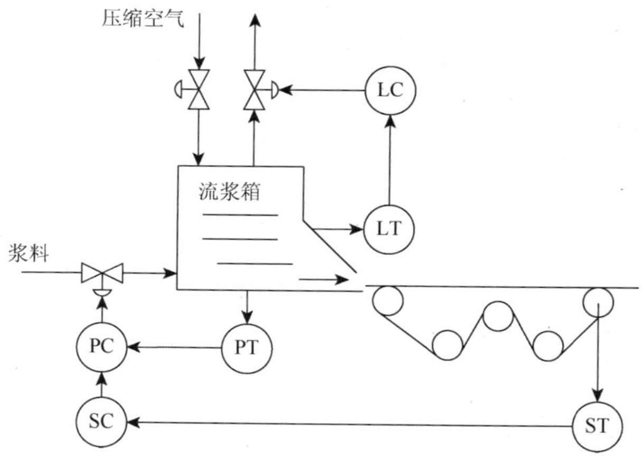

图 8.40　流浆箱浆网速比控制系统

参考文献

陈敏恒，丛德滋，方图南，等. 2014. 化工原理. 3版. 北京：化学工业出版社
陈夕松，汪木兰. 2008. 过程控制系统. 北京：科学出版社
何衍庆，黎冰，黄海燕. 2013. 工业生产过程控制. 2版. 北京：化学工业出版社
厉玉鸣. 2008. 化工仪表及自动化. 4版. 北京：化学工业出版社
梁昭峰，李兵，裴旭东. 2010. 过程控制工程. 北京：北京理工大学出版社
刘焕彬. 2009. 制浆造纸过程自动测量与控制. 2版. 北京：中国轻工业出版社
潘永湘，杨延西，赵跃. 2008. 过程控制与自动化仪表. 2版. 北京：机械工业出版社
王骥程，祝和云. 1991. 化工过程控制工程. 北京：化学工业出版社
王毅，张早校. 2006. 过程装备控制技术及应用. 北京：化学工业出版社